Microsoft Word 2010 Basiswissen

Begleitheft für Word-Einsteiger

Verlag:
BILDNER Verlag GmbH
Neuburger Straße 108
94036 Passau

http://www.bildner-verlag.de
info@bildner-verlag.de

Tel.: +49 851-6700
Fax: +49 851-6624

ISBN: 978-3-8328-0037-6

Covergestaltung:
Christian Dadlhuber

Lektorat:
Inge Baumeister, MMTC Multi Media Trainingscenter GmbH, Bruno Baumeister

Herausgeber:
Christian Bildner

© 2012 BILDNER Verlag GmbH, Passau

Unsere Bücher werden auf FSC-zertifiziertem Papier gedruckt.

Das FSC-Label auf einem Holz- oder Papierprodukt ist ein eindeutiger Indikator dafür, dass das Produkt aus verantwortungsvoller Waldwirtschaft stammt. Und auf seinem Weg zum Konsumenten über die gesamte Verarbeitungs- und Handelskette nicht mit nicht-zertifiziertem, also nicht kontrolliertem, Holz oder Papier vermischt wurde. Produkte mit FSC-Label sichern die Nutzung der Wälder gemäß den sozialen, ökonomischen und ökologischen Bedürfnissen heutiger und zukünftiger Generationen.

INHALTSVERZEICHNIS

Vorwort

Wozu verwenden Sie Word?
Textverarbeitung zählt nach wie vor zu den wichtigsten Aufgaben am PC. Das Programm Microsoft Word ist Teil der Office 2010 Programmgruppe und eines der am häufigsten eingesetzten Textverarbeitungsprogramme.

Im Gegensatz zur Schreibmaschine sind am Computer jederzeit nachträgliche Korrekturen im Text möglich. Darüber hinaus verfügen Textverarbeitungsprogramme über eine Vielzahl von Möglichkeiten der Textgestaltung. Weitere Funktionen erlauben das Einfügen von Tabellen und Grafikelementen und unterstützen den Anwender bei wiederkehrenden Abläufen.

An wen wendet sich dieses Buch?
Dieses Buch ist als begleitende Schulungsunterlage konzipiert und vermittelt vor allem Einsteigern das nötige Grundlagenwissen, um die vielfältigen Möglichkeiten von Word im Alltag sicher und effizient einzusetzen.

Welche Kenntnisse sollten Sie mitbringen?
Die Schulungsunterlage setzt allgemeine Kenntnisse im Umgang mit Maus und Tastatur, sowie mit der Benutzeroberfläche des Windows-Betriebssystems voraus. Dazu gehört auch der Umgang mit Dateien und Ordnern. Sie sollten wissen, wie Sie Programme starten und beenden, den Umgang mit Fenstern und Taskleiste beherrschen, sowie Dateien speichern und wieder öffnen können.

Schreibweise
Befehle, Schaltflächen und die Beschriftung von Dialogfenstern sind zur besseren Unterscheidung in Kapitälchen gesetzt, Beispiel: Register START, Gruppe ABSATZ.

Verwendete Symbole:

Symbol	Bedeutung
i	Dieses Symbol steht für allgemeine und zusammenfassende Informationen.
☞	Wichtige Sachverhalte, die Sie beachten sollten sind mit diesem Symbol gekennzeichnet.
🔍	Die Lupe vermittelt Ihnen detaillierte Informationen sowie besondere Tipps für fortgeschrittene Benutzer.
🔧	Bei diesem Symbol finden Sie kleine Übungsaufgaben einschließlich einer kurzen Lösungsbeschreibung.
⚠	Dieses Symbol warnt Sie vor möglichen Fehlern.

1. Die Arbeitsumgebung von Word

In dieser Lektion lernen Sie

- Arbeitsumgebung und Befehlseingabe
- Die verschiedenen Ansichten von Word

Was Sie für diese Lektion wissen sollten

- Grundlagen des Betriebssystems Windows

Nach dem Starten von Microsoft Word 2010 wird ein Fenster geöffnet und Sie sehen die Benutzeroberfläche des Programms zusammen mit einem neuen, leeren Dokument vor sich. Bevor Sie mit der Bearbeitung beginnen, sollten Sie sich mit den wichtigsten Elementen der Arbeitsumgebung vertraut machen.

1.1. Das Word-Fenster

Fensterdarstellung

Die Titelleiste des Anwendungsfensters enthält den Namen des Programms zusammen mit dem Namen des geöffneten Dokuments, sowie ganz rechts die Schaltflächen zum Steuern der Fensterdarstellung und zum Schließen des Fensters.

Als Dokumente bezeichnet Word alle Dateien, die vom Benutzer erstellt wurden, unabhängig vom Inhalt

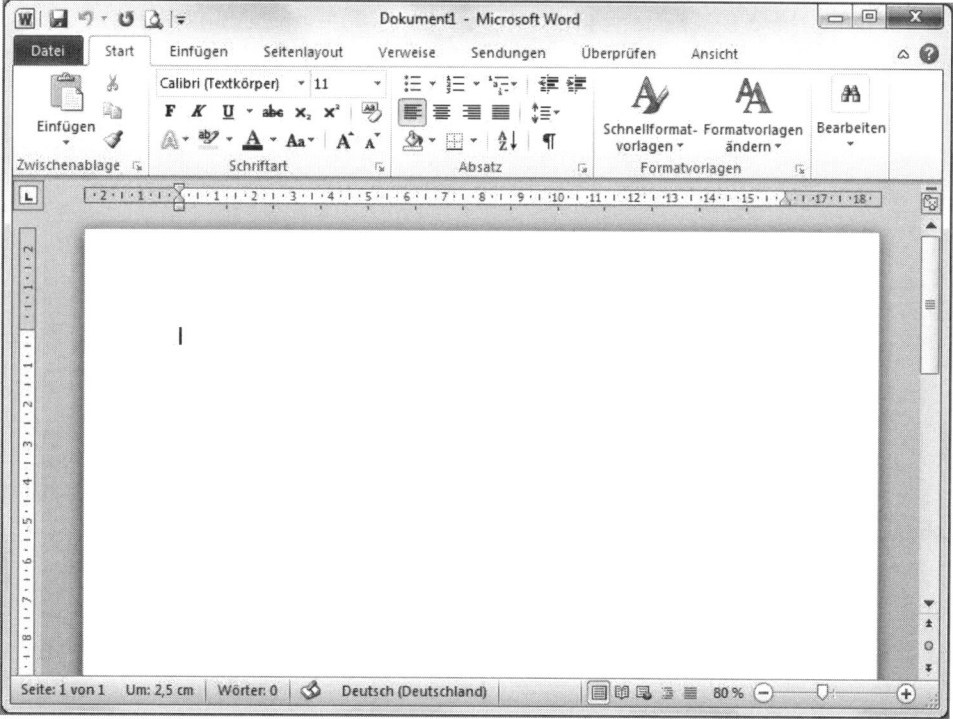

Das Word-Anwendungsfenster

Die Bedeutung der Symbole:

Mit einem Mausklick auf das Symbol SCHLIESSEN beenden Sie Word. Da dabei gespeicherte Daten gehen verlorengehen können, sollten Sie zuvor Ihre Eingaben speichern.

Word beenden

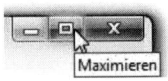

Mit einem Mausklick auf dieses Symbol wechselt das gesamte Fenster zwischen beliebiger Fenstergröße (VERKLEINERN) und Vollbildmodus (MAXIMIEREN).

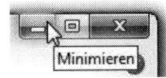

Mit dem Symbol MINIMIEREN können Sie das geöffnete Fenster auf die Größe einer Schaltfläche in der Taskleiste reduzieren. Mit einem Mausklick auf die Schaltfläche stellen Sie das ursprüngliche Fenster wieder her, die Anwendung wird nicht geschlossen.

Word-Hilfe aufrufen

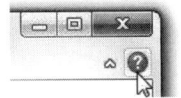

Unmittelbar darunter können Sie über das Fragezeichen-Symbol oder mit der Taste F1 die Word-Hilfe aufrufen.

Der Mauszeiger

Den größten Teil des Fensters nimmt der eigentliche Arbeitsbereich von Word, das geöffnete Dokument ein. Die Einfügemarke oder Cursor in Form eines blinkenden, senkrechten Strichs kennzeichnet die aktuelle Eingabeposition im Dokument und befindet sich in einem neuen Dokument in der oberen linken Ecke. Eine ähnliche Form besitzt auch der Mauszeiger, sobald er sich innerhalb des Dokuments befindet. Verwechseln Sie daher den Mauszeiger nicht mit dem Cursor.

Bildlaufleisten

Scrollen: den sichtbaren Bildschirmausschnitt verschieben

Die Bildlaufleiste am rechten, eventuell auch am unteren Rand des Fensters verwenden Sie, um in längeren Dokumenten den sichtbaren Bildschirmausschnitt zu verschieben. Alternativ können Sie dazu auch das Rad der Maus verwenden (Scrollen).

Statuszeile

Am unteren Rand des Fensters befindet sich die Statuszeile. Sie zeigt den aktuellen Arbeitsstatus an und erlaubt schnelles Zoomen der Bildschirmansicht, sowie den Wechsel zwischen verschiedenen Ansichten.

1.2.   Befehlseingabe

Menüband

Das Menüband fasst Aufgaben zu Gruppen zusammen

Wie die Vorgängerversion Word 2007 unterscheidet auch Word 2010 nicht mehr zwischen Menüzeile und Symbolleisten, die gesamte Befehlseingabe erfolgt über das Menüband (engl. ribbon) im oberen Bereich des Anwendungsfensters.

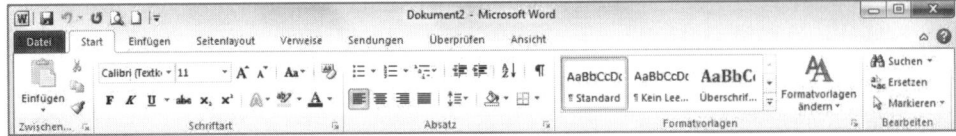

Einige Register werden nur bei Bedarf angezeigt

Das Menüband fasst Befehle nach Aufgaben zusammen, diese können über Registerkarten schnell aufgerufen werden. So enthält etwa das Register START grundlegende, allgemeine Schaltflächen beispielsweise zum Formatieren von Text. Die Schaltflächen erscheinen, wenn Sie mit der Maus auf das entsprechende Register klicken. Neben den Standardregistern verfügt Word auch noch über weitere Register, etwa zur Bearbeitung von eingefügten Grafiken. Diese sind nur dann sichtbar, wenn ein entsprechendes Element markiert ist.

Innerhalb der Register sind die Schaltflächen nach Gruppen geordnet, so finden Sie beispielsweise im Register START die Gruppe SCHRIFTART zur Schriftgestaltung. Benötigen Sie nähere Informationen zu einer Schaltfläche, so zeigen Sie mit der

Maus auf das Symbol und ein kurzer Infotext erscheint. Über einige der Schaltflächen sind weitere Befehle verfügbar, Sie erkennen diese Schaltflächen an einem kleinen, nach unten weisenden Dreieck. (DropDown- oder Auswahlpfeil).

Beachten Sie auch noch, dass die Darstellung und Größe einiger Gruppen sowie der Schaltflächen von der Größe des Word-Fensters abhängig ist. So werden auf kleineren Bildschirmen bzw. in einem kleineren Fenster die Befehle mancher Gruppen unter einer einzigen Schaltfläche zusammengefasst und erscheinen erst nach einem Mausklick auf den DropDown-Pfeil. In einem maximierten Fenster bzw. bei einem größeren Bildschirm sind dagegen mehr Schaltflächen auf den ersten Blick sichtbar, einige können auch größer dargestellt sein.

Darstellung ist abhängig von der Fenstergröße

Beispiel: Die Schaltflächen und Befehle der Gruppe BEARBEITEN im Register START in unterschiedlicher Darstellung.

Befehle in einem Dialogfenster öffnen
Neben manchen Gruppenbezeichnungen finden Sie ein kleines Symbol. Damit können Sie mit einem Mausklick alle Befehle der Gruppe in einem zusammenfassenden Dialogfenster aufrufen. Dies ist nützlich, wenn Sie aus einer Gruppe nacheinander gleich mehrere Befehle benötigen.

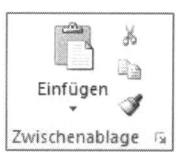

Über dieses Symbol öffnen Sie ein Dialogfenster mit allen Befehlen

Menüband minimieren
Sie können bei Bedarf das Menüband minimieren um mehr Platz für den Arbeitsbereich zu schaffen. So sind nur noch die Namen der Registerkarten sichtbar, die dazugehörigen Schaltflächen erscheinen erst, wenn Sie auf das Register klicken. Klicken Sie dazu auf die Schaltfläche MENÜBAND MINIMIEREN.

Soll das Menüband wieder dauerhaft eingeblendet werden, so genügt ein Doppelklick auf ein beliebiges Register oder ein erneuter Mausklick auf die Schaltfläche, mit der Sie das Menüband minimiert haben. Als Alternative können Sie auch das Kontextmenü verwenden: klicken Sie dazu mit der rechten Maustaste auf ein beliebiges Register und wählen Sie MENÜBAND MINIMIEREN.

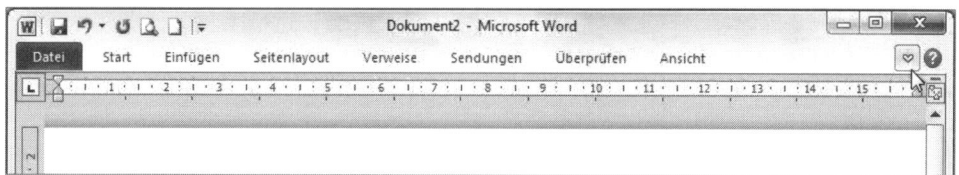

Tasten statt Schaltflächen verwenden
Als Alternative zur Maus können die Register und Befehlsschaltflächen auch über die Tastatur aufgerufen werden. Nach dem Drücken der Alt-Taste zeigt das Menüband die entsprechenden Tasten an. Mit der Esc-Taste werden die Tasten wieder ausgeblendet.

Alt-Taste zeigt die Tasten an

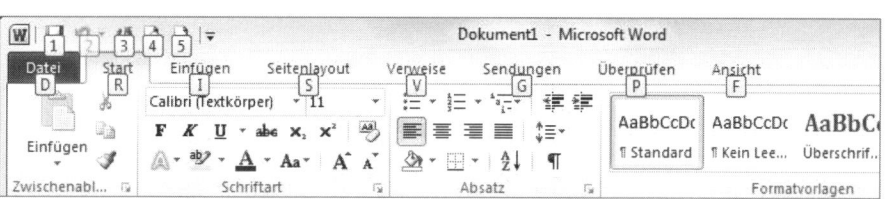

Symbolleiste für den Schnellzugriff

Die Symbolleiste für Schnellzugriff kann bei Bedarf um Symbole erweitert werden

Zusätzlich zum Menüband steht Ihnen im oberen linken Bereich des Fensters die SYMBOLLEISTE FÜR DEN SCHNELLZUGRIFF zur Verfügung, die Sie nach Belieben anpassen, d.h. um weitere Schalflächen ergänzen können. Klicken Sie dazu auf die Schaltfläche SYMBOLLEISTE FÜR DEN SCHNELLZUGRIFF ANPASSEN und wählen Sie die gewünschten Befehle.

Mit einem Mausklick auf den Eintrag WEITERE BEFEHLE... öffnen Sie ein Dialogfeld mit allen verfügbaren Schaltflächen.

Zum Entfernen einer Schaltfläche aus der Symbolleiste deaktivieren Sie den Befehl wieder.

Weitere Möglichkeiten der Befehlseingabe

Weitere Möglichkeiten der Befehlseingabe sind das Kontextmenü, sowie Tastenkombinationen (Shortcuts).

Kontextmenü

Rechte Maustaste

Das Kontextmenü erscheint, wenn Sie mit der rechten Maustaste klicken. Die Befehle des Menüs beziehen sich ausschließlich auf den angeklickten Bereich.

Tastenkombinationen

Hilfe zu Tastenkombinationen aufrufen

Funktionstasten und Tastenkombinationen sind für fortgeschrittene Benutzer eine Möglichkeit, schnell häufig verwendete Befehle auszuführen. Welche Tastenkombinationen Sie verwenden können, erfahren Sie am einfachsten in der Word-Hilfe: klicken Sie in der rechten oberen Ecke des Word-Fensters auf das Hilfe-Symbol. Geben Sie anschließend den Suchbegriff "Tasten" oder "Tastenkombination" in das Suchen-Feld ein und klicken Sie auf SUCHEN.

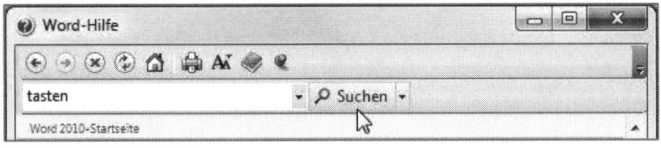

Smarttags

Unmittelbar nach bestimmten Aktionen, beispielsweise dem Einfügen von zuvor kopierten Elementen, erscheint am Zielort ein kleines Symbol, ein Smarttag, und bietet verschiedene Optionen an. Zum Anzeigen der Optionen klicken Sie einfach auf das Symbol. Smarttags verschwinden automatisch wieder nach dem nächsten Befehl.

1.3. Bildschirmansichten

Microsoft Word verfügt über mehrere Ansichten zur Bearbeitung von Dokumenten. In der Statuszeile am unteren Bildschirmrand finden Sie Symbole, über die Sie schnell zwischen den Ansichten wechseln können. Im Register ANSICHT finden Sie in der Gruppe DOKUMENTANSICHTEN ebenfalls Schaltflächen zum Wechseln zwischen den Ansichten.

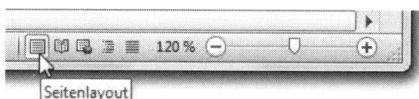

Die Schaltflächen der Statusleiste

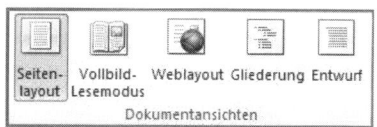

Die Schaltflächen im Register Ansicht

Seitenlayout

Die Ansicht SEITENLAYOUT ist die Standardansicht von Word. In dieser Ansicht können Sie Text und alle weiteren Elemente ohne Einschränkungen eingeben und bearbeiten, dabei wird das Dokument am Bildschirm so dargestellt, wie es später gedruckt wird. Dies gilt auch für Seitenränder, Kopf- und Fußzeilen, mehrspaltigen Text sowie eingefügte Grafiken.

Die Standardansicht zum Bearbeiten von Dokumenten

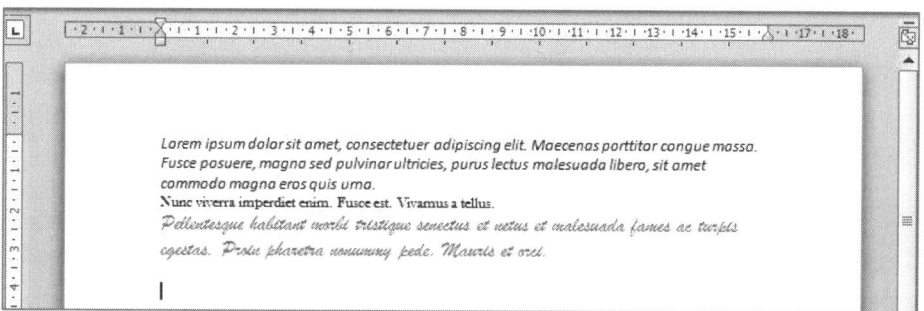

Beispiel: Ansicht Seitenlayout

Leerräume aus- und einblenden

In der Ansicht SEITENLAYOUT können bei Bedarf die oberen und unteren Seitenränder ausgeblendet werden: Zeigen Sie mit der Maus in den Zwischenraum zwischen zwei Seiten. Es erscheint ein kleines Symbol, mit einem Doppelklick blenden Sie die Leerräume aus und auch wieder ein.

Leerräume zwischen den Seiten ausblenden

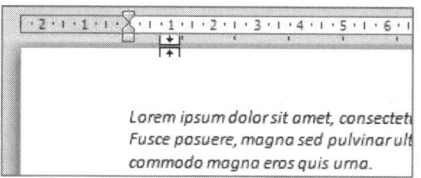

Leerräume ausblenden

Leerräume einblenden

Vollbild-Lesemodus

Die Ansicht VOLLBILD-LESEMODUS eignet sich vor allem für abschließende Kontrollen. Diese Ansicht erlaubt nur einfache Textkorrekturen. Anstelle des Menübandes erscheint eine eigene Leiste mit Schaltflächen, über die Sie diese Ansicht steuern können. Mit der Schaltfläche SCHLIEßEN kehren Sie wieder zurück zur vorherigen Ansicht.

Register ANSICHT, Gruppe DOKUMENTANSICHTEN

Nur einfache Korrekturen möglich

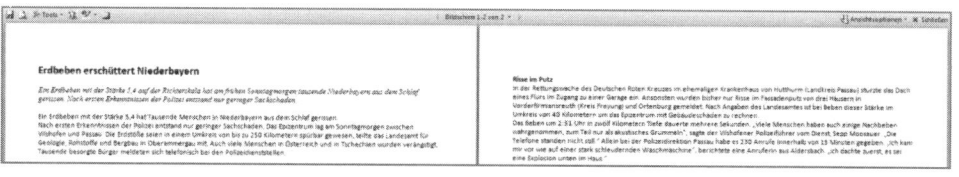

Beispiel: Vollbild-Lesemodus

Die Schaltfläche ANSICHTSOPTIONEN stellt verschiedene Darstellungsmöglichkeiten für den Vollbild-Lesemodus zur Verfügung.

Um einfache Textkorrekturen vorzunehmen, müssen Sie die Option EINGABE ZULASSEN aktivieren.

Weitere Ansichten

Symbol	Beschreibung
Weblayout	**Weblayout** Die Ansicht WEBLAYOUT sollten Sie ausschließlich zur Erstellung von Webseiten verwenden. In dieser Ansicht wird das Dokument ohne Seitenumbruch wie in einem Webbrowser dargestellt, der Zeilenumbruch orientiert sich an der Fensterbreite. Ein späterer Ausdruck stimmt nicht mit der Bildschirmanzeige überein!
Gliederung	**Gliederung** Die Ansicht GLIEDERUNG dient zur Kontrolle und Überarbeitung der Struktur umfangreicher Dokumente. In dieser Ansicht lassen sich verschiedene Gliederungsebenen ein- und ausblenden und somit gezielt bearbeiten.
Entwurf	**Entwurf** Anstelle der Ansicht SEITENLAYOUT kann auch die Ansicht ENTWURF zur Texteingabe verwendet werden. Diese Ansicht benutzt ein vereinfachtes Layout. Seitenränder, der Inhalt von Kopf- und Fußzeilen, sowie eingefügte Bilder werden nicht angezeigt. Diese Ansicht sollte daher ausschließlich für die schnelle Eingabe umfangreicher Texte verwendet werden, nicht aber zur Textgestaltung.

Anzeige zoomen

Bildschirmdarstellung zoomen

Um das Dokument im Arbeitsbereich auf dem Bildschirm vergrößert bzw. verkleinert darzustellen (zoomen), finden Sie in der unteren rechten Ecke des Anwendungsfensters in der Statusleiste einen kleinen Schieberegler. Standardmäßig wird ein Dokument mit 100%, also in der gleichen Größe wie auf dem Ausdruck dargestellt, zum Vergrößern oder Verkleinern ziehen Sie den Regler mit gedrückter linker Maustaste in die gewünschte Richtung oder klicken mehrmals auf die Symbole + oder -.

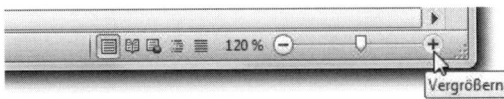

Zoomeinstellungen in der Statusleiste

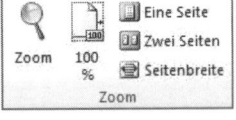

Register ANSICHT, ZOOM

Weitere Zoomeinstellungen finden Sie in der Gruppe ZOOM des Registers ANSICHT. Mit der Einstellung SEITENBREITE wird der Zoomfaktor automatisch so gewählt, dass eine Druckseite die gesamte Breite des Word-Fensters ausfüllt. Die Option ZWEI SEITEN verkleinert die Anzeige, so dass zwei Seiten nebeneinander auf dem Bildschirm angezeigt werden können.

Tipp: Sie können auch mit der Maus zoomen: drücken Sie dazu die Strg-Taste und halten Sie die Taste gedrückt, während Sie das Mausrad drehen.

Mit der Maus zoomen

1.4. Zusätzliche Bildschirmelemente nutzen

Lineal

Zusätzliche Bildschirmelemente als Hilfsmittel aktivieren Sie im Register ANSICHT über die Gruppe ANZEIGEN. Ein Lineal am linken und oberen Rand des Dokuments unterstützt Sie beim Ausrichten im Dokument.

Weitere Bildschirm Elemente einblenden

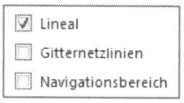

Das Lineal am linken und oberen Rand des Arbeitsbereiches

Gitternetz

Mit den Gitternetzlinien blenden Sie ein Raster oder Gitternetz ein, an dem Sie eingefügte Objekte, beispielsweise Grafiken, ausrichten können. Zur normalen Texteingabe und -bearbeitung wird das Gitternetz nicht benötigt.

Wird normalerweise nicht benötigt!

Beispiel: Gitternetzlinien

Navigationsbereich

Der Navigationsbereich erscheint am linken Rand des Arbeitsbereichs und erleichtert die Navigation in umfangreichen Dokumenten.

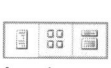

Anzeige

Sie können das Dokument anhand der Überschriften durchsuchen, bzw. schnell zu einer anderen Überschrift navigieren. Beachten Sie aber, dass dann die Überschriften mit einer Überschriften-Formatvorlage formatiert sein müssen. Mit einem Mausklick auf die jeweilige Überschrift erscheint im Hauptfenster die entsprechende Stelle.

Siehe Lektion 9, Formatvorlagen

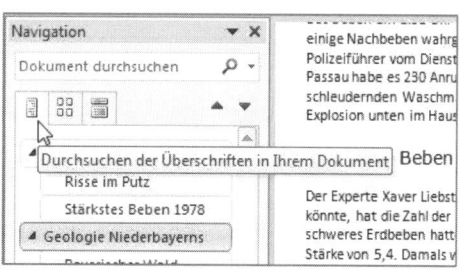

Eine andere Möglichkeit stellt die Darstellung und das Durchsuchen der Seiten als Miniaturansicht dar.

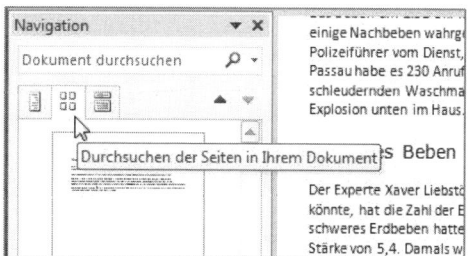

Siehe Lektion 3.8,
Text suchen und
ersetzen

Als dritte Möglichkeit können Sie das Dokument nach einem Suchbegriff durchsuchen. Word listet im Navigationsbereich die entsprechenden Stellen auf, mit einem Mausklick auf die Fundstelle erscheint im Hauptfenster der dazugehörige Text, der Begriff ist hervorgehoben.

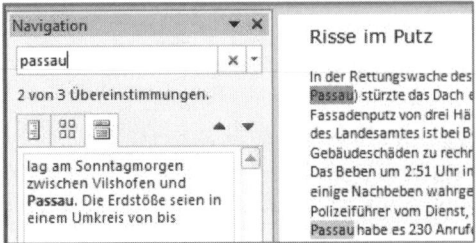

1.5. Mit mehreren Fenstern arbeiten

Jedes Dokument wird
in einem eigenen
Fenster geöffnet

Wenn Sie mit Word mehrere Dokumente gleichzeitig geöffnet haben, dann wird jedes Dokument in einem eigenen Word-Fenster angezeigt und Sie können über die Taskleiste am unteren Rand des Bildschirms zwischen den Fenstern wechseln. Das Register ANSICHT enthält mit der Gruppe FENSTER mehrere Schaltflächen, über die Sie die Anordnung der Fenster steuern, bzw. ebenfalls zwischen den Fenstern wechseln können.

Register ANSICHT, Gruppe FENSTER

Schaltfläche	Beschreibung
Neues Fenster	Öffnet das aktuelle Dokument in einem zweiten Fenster.
Alle Anordnen	Stellt alle geöffneten Word-Fenster gleichzeitig auf dem Bildschirm dar.
Teilen	Teilt das aktuelle Fenster in zwei Bereiche auf, so dass zwei verschiedene Abschnitte des Dokuments gleichzeitig dargestellt werden können. Mit einer weiteren Schaltfläche können Sie die Teilung auch wieder aufheben.
Nebeneinander anzeigen	Ordnet die geöffneten Dokumente nebeneinander an, auf diese Weise können die Inhalte miteinander verglichen werden.

1.6. Statusleiste anpassen

Im linken Bereich zeigt die Statusleiste Hinweise zum Dokument und zur Rechtschreibprüfung an. Standardmäßig finden Sie hier die Anzeige der aktuellen Seite zusammen mit der Anzahl aller Seiten des Dokuments. So bedeutet beispielsweise "Seite: 2 von 3", dass sich der Cursor auf Seite 3 eines Dokuments befindet, das insgesamt 3 Seiten umfasst. Standardmäßig werden noch die Anzahl der Wörter sowie Sprache und Ländereinstellung für die Überprüfung von Rechtschreibung und Grammatik, angezeigt.

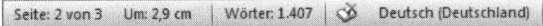

Die Statusleiste kann um weitere Informationen ergänzt werden. Klicken Sie dazu mit der rechten Maustaste an eine beliebige Stelle der Statusleiste und aktivieren oder deaktivieren Sie mit einem Mausklick die gewünschten Informationen.

Nützliche Informationen:

Vertikale Seitenposition	Die vertikale Seitenposition gibt an, wie viele Zentimeter sich der Cursor unterhalb der oberen Blattkante befindet. Dies erleichtert beispielsweise beim Schreiben von Briefen nach DIN die genaue Positionierung der Anschrift.
Feststelltaste	Damit erscheint ein entsprechender Hinweis, wenn Sie (versehentlich) mit der Feststelltaste auf dauerhafte Großschreibung umgeschaltet haben.
Überschreiben	Der aktuelle Modus (standardmäßig EINFÜGEN) wird angezeigt, mit einem Mausklick wechseln Sie zwischen EINFÜGEN und ÜBERSCHREIBEN.

Die Anzeige der vertikalen Position erleichtert die korrekte Platzierung der Anschrift

1.7. Zusammenfassung

- Im Menüband können alle Befehle, nach Funktionen geordnet, über Register aufgerufen werden. Zusammengehörende Befehle bilden Gruppen innerhalb der Register. Je nach Größe von Bildschirm und Anwendungsfenster werden die Schaltflächen und Gruppen unterschiedlich dargestellt. Ein Mausklick auf den DropDown-Pfeil einer Schaltfläche öffnet eine weitere Auswahl von Befehlen. Für manche Gruppen kann auch ein Dialogfenster mit einer Zusammenfassung aller Befehle geöffnet werden. Klicken Sie dazu auf das Pfeilsymbol der jeweiligen Gruppe.

- Weitere Möglichkeiten der Befehlseingabe sind das Kontextmenü der rechten Maustaste, Tastenkombinationen (ShortCuts) und Smarttags. Für häufig benötigte Arbeitsschritte verwenden Sie die Symbolleiste für den Schnellzugriff. Diese Leiste kann vom Benutzer um weitere, häufig benötigte Befehle ergänzt werden.

- Word 2010 verfügt über verschiedene Ansichten. Die Ansicht Seitenlayout ist die Standardansicht, die Bildschirmdarstellung entspricht der späteren Druckausgabe, in dieser Ansicht erfolgt normalerweise die Texteingabe und Bearbeitung. Weitere Ansichten wie zum Beispiel Weblayout, Entwurf oder Gliederung werden nur für besondere Zwecke benötigt. Der Vollbild-Lesemodus eignet sich besonders für abschließende Kontrollen umfangreicher Dokumente.

- Zusätzliche Elemente wie Lineal oder Gitternetz können als Hilfsmittel zur exakten Positionierung von Objekten eingeblendet werden, der Navigationsbereich dient zur schnellen Navigation in umfangreichen Dokumenten. Unabhängig von der jeweiligen Ansicht können Sie ein Dokument auf dem Bildschirm verkleinern oder vergrößern (zoomen).

Bemerkungen:

_____

_____

_____

_____

_____

2. Word-Dokumente verwalten

In dieser Lektion lernen Sie

- Word-Dokumente speichern und öffnen
- Neue Dokumente erstellen
- Dateiformate

Was Sie für diese Lektion wissen sollten

- Die Arbeitsumgebung von Word
- Betriebssystem Windows

Backstage-Ansicht

Das Register DATEI enthält alle Befehle, die Sie zum Speichern, Öffnen und Drucken von Word-Dokumenten benötigen. Anstelle des Dokuments erscheinen in diesem Register Eigenschaften und Informationen zum Dokument, daher wird das Register auch als Backstage-Ansicht bezeichnet. Zum Schließen drücken Sie die Esc-Taste oder klicken auf ein beliebiges Register.

2.1. Dokument speichern

SPEICHERN

Ein geöffnetes Dokument befindet sich im Arbeitsspeicher (RAM) Ihres Computers. Bevor Sie Word beenden, sollten Sie nicht vergessen, Ihre Daten dauerhaft auf der Festplatte oder einem anderen Datenträger zu speichern. Klicken Sie dazu entweder in der SYMBOLLEISTE FÜR DEN SCHNELLZUGRIFF auf das Symbol SPEICHERN oder klicken Sie auf das Register DATEI und wählen hier den Befehl SPEICHERN.

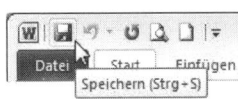

SYMBOLLEISTE FÜR DEN SCHNELLZUGRIFF

Register DATEI

Wenn Sie ein Dokument zum ersten Mal speichern, wird anschließend das Dialogfenster SPEICHERN UNTER geöffnet.

Dokument unter einem Namen speichern

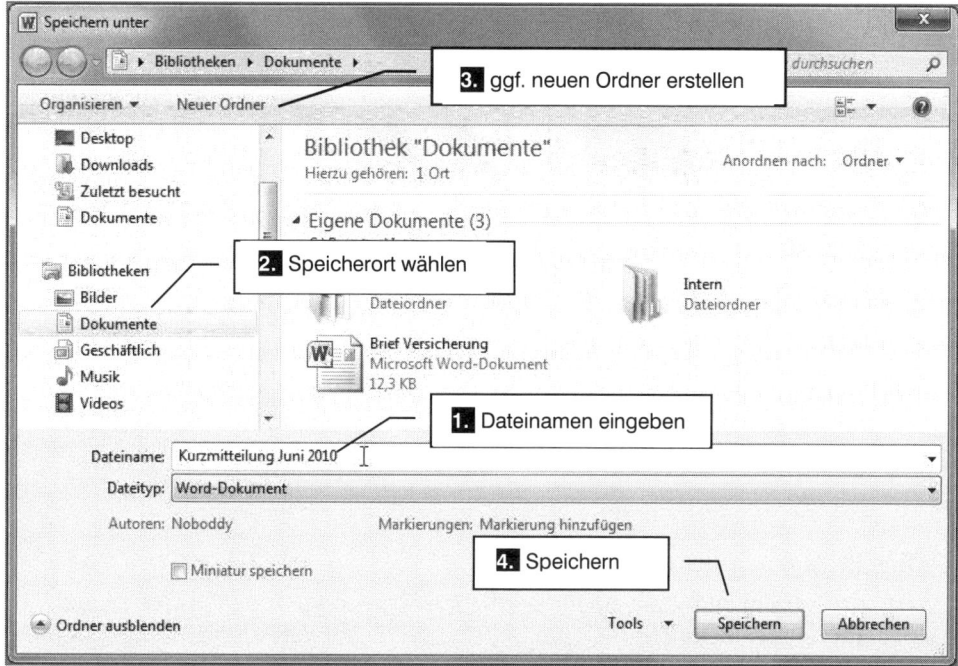

1. Als Dateiname werden im Feld DATEINAME standardmäßig die ersten Zeichen des Dokuments verwendet, bei einem leeren Dokument ist dies die Nummer des Dokuments, z.B. Dok2. Diesen Dateinamen können Sie einfach mit einem aussagekräftigen Namen überschreiben.
2. Wählen Sie den Speicherort. Wenn das Betriebssystem Windows Vista oder Windows 7 auf Ihrem PC installiert ist, dann erscheint standardmäßig die Bibliothek DOKUMENTE, bzw. der Ordner EIGENE DOKUMENTE als Speicherort. Um ggf. einen anderen Speicherort auszuwählen, verwenden Sie entweder den Navigationsbereich auf der linken Seite des Fensters oder öffnen den gewünschten Ordner im Anzeigebereich mit Doppelklick.
3. Benötigen Sie zum Speichern einen neuen Ordner, so klicken Sie auf die Schaltfläche NEUER ORDNER.
4. Zuletzt klicken Sie auf die Schaltfläche SPEICHERN.

Sollten der Navigationsbereich und der Anzeigebereich nicht sichtbar sein, so klicken Sie auf den Befehl ORDNER DURCHSUCHEN.

Klicken Sie auf
ORDNER DURCHSUCHEN

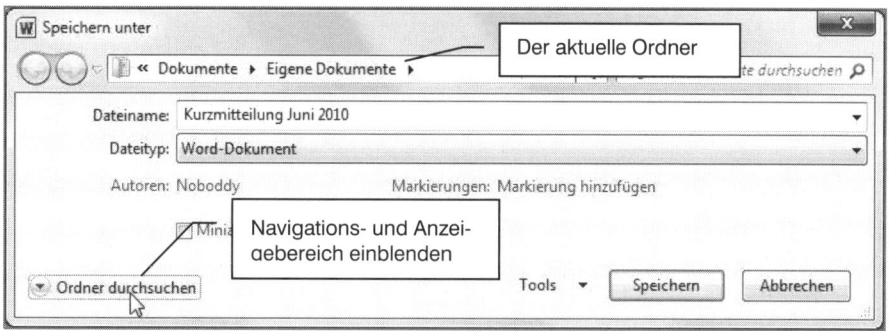

Dateityp

Standardmäßig wird ein Dokument im XML-basierten Office 2010-Dateiformat mit der Dateinamenserweiterung .docx gespeichert. Dieses Dateiformat benötigt weniger Speicherplatz, ist aber nicht identisch mit dem Dateiformat von älteren Versionen von Word, beispielsweise Word 2003. Microsoft stellt zwar ein kostenloses

.docx

Tool zum Download bereit, das es erlaubt, auch mit Word 2003 ein Dokument zu öffnen, das im neuen Dateiformat gespeichert wurde, jedoch können dabei Informationen verlorengehen.

⚠

Nicht alle Word 2010-Funktionen werden von anderen Dateitypen unterstützt!

Wenn Sie sicherstellen möchten, dass ein Dokument auch mit älteren Versionen von Word geöffnet werden kann, dann sollten Sie besser beim Speichern den Dateityp Word 97-2003-Dokument (.doc) auswählen. Klicken Sie dazu im Dialogfenster SPEICHERN UNTER unterhalb des Dateinamens auf den DropDown-Pfeil im Feld DATEITYP und wählen Sie WORD 97-2003-DOKUMENT. Beachten Sie aber, dass ältere Word-Versionen nicht alle Funktionen von Word 2010 unterstützen, so dass auch hier Informationen verloren gehen können.

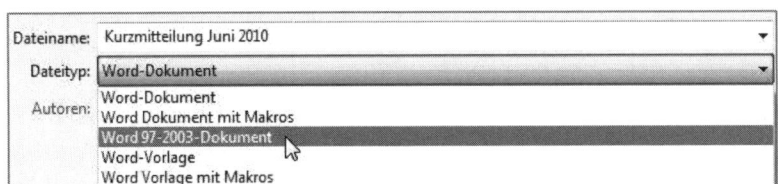

PDF-Datei erstellen

PDF = Portable Document Format

Word 2010 bietet standardmäßig auch das Speichern im PDF-Dateiformat an. Damit werden alle Formate beibehalten und die Datei kann, unabhängig vom Betriebssystem, auf allen Computern geöffnet und gelesen werden. Als einzige Voraussetzung muss ein Leseprogramm, beispielsweise der kostenlose Adobe Reader, installiert sein. Eine nachträgliche Veränderung des Inhalts ist nur mit spezieller Software möglich.

- Wählen Sie dazu beim Speichern entweder den Dateityp PDF.

XPS = XML Paper Specification

- Oder klicken Sie im Register DATEI auf SPEICHERN UND SENDEN und wählen hier unter DATEITYP PDF/XPS-DOKUMENT ERSTELLEN und klicken anschließend im rechten Bereich auf die Schaltfläche PDF/XPS-DOKUMENT ERSTELLEN.

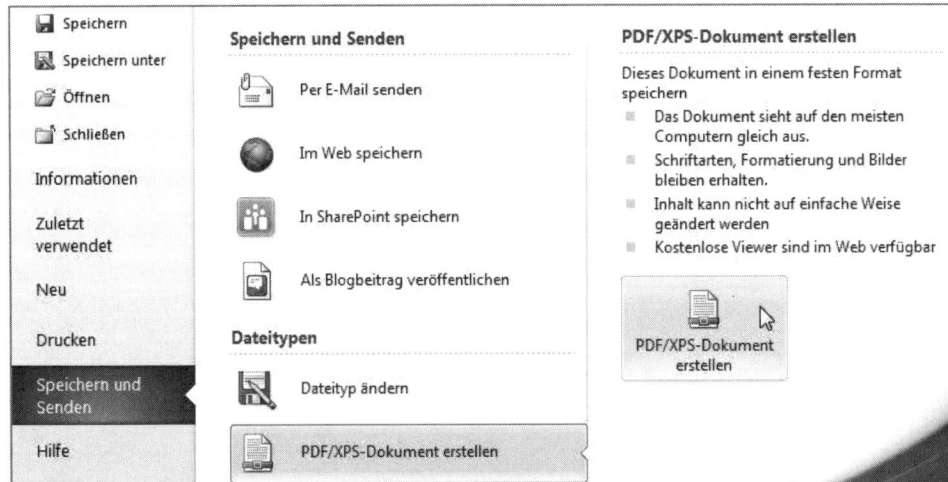

Geben Sie einen Dateinamen ein und wählen Sie den gewünschten Speicherort. Soll nach dem Speichern das PDF-Dokument zur Kontrolle geöffnet werden, so aktivieren Sie das Kontrollkästchen DATEI NACH DEM VERÖFFENTLICHEN ÖFFNEN. Zuletzt klicken Sie auf VERÖFFENTLICHEN.

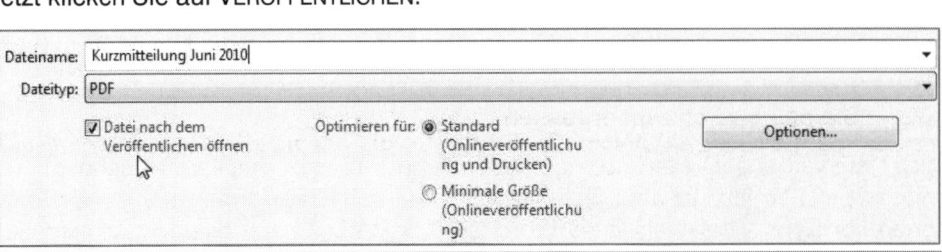

Speichern unter

Neben SPEICHERN finden Sie im Register DATEI auch noch den Befehl SPEICHERN UNTER. Was ist der Unterschied zwischen diesen beiden Befehlen?

Beim ersten Speichern muss ein Dateiname angegeben werden

- Wenn Sie ein neues Dokument das erste Mal speichern, dann müssen Sie Dateiname und Speicherort festlegen, das Dialogfenster SPEICHERN UNTER wird dazu automatisch geöffnet. Es spielt keine Rolle, ob Sie den Befehl SPEICHERN oder SPEICHERN UNTER aufrufen.

- Ist ein Dokument dagegen bereits gespeichert, dann verfügt es auch über einen Dateinamen. In diesem Fall wird automatisch im Hintergrund gespeichert, wenn Sie während der Bearbeitung auf das Symbol oder den Befehl SPEICHERN klicken. Die Angabe eines Dateinamens ist dazu nicht mehr erforderlich, daher wird auch das Dialogfenster SPEICHERN UNTER nicht geöffnet.

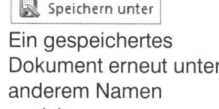

Möchten Sie ein geöffnetes und bereits gespeichertes Dokument unter einem anderen Dateinamen und/ oder an einem anderen Speicherort ein weiteres Mal speichern, dann benötigen Sie dazu den Befehl SPEICHERN UNTER. Dieser öffnet in jedem Fall das Dialogfenster SPEICHERN UNTER und Sie können einen anderen Dateinamen angeben und/ oder einen anderen Speicherort wählen.

Ein gespeichertes Dokument erneut unter anderem Namen speichern

Nicht gespeicherte Dokumente wiederherstellen

Automatisches Speichern

Word 2010 verfügt über eine Funktion, die während der Arbeit das Dokument im Hintergrund in bestimmten Intervallen automatisch speichert. Im Fall eines Programmabsturzes oder wenn Sie versehentlich das Dokument geschlossen bzw. Word beendet haben, ohne zuvor zu speichern, dann können Sie beim nächsten Öffnen auf die automatisch gespeicherte Version zugreifen.

Hinweis: Voraussetzung ist, dass die AutoWiederherstellen-Funktion aktiviert ist. Die Einstellungen dazu finden Sie im Register DATEI. Klicken Sie auf die Schaltfläche OPTIONEN.

- Das Fenster OPTIONEN wird geöffnet, klicken Sie im linken Bereich des Fensters auf die Kategorie SPEICHERN.

- Achten Sie darauf, dass das Kontrollkästchen AUTOWIEDERHERSTELLEN-INFORMATIONEN SPEICHERN aktiviert ist, im Feld daneben können Sie die Intervalle in Minuten festlegen.

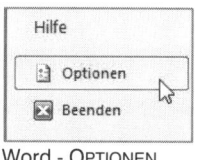

Word - OPTIONEN

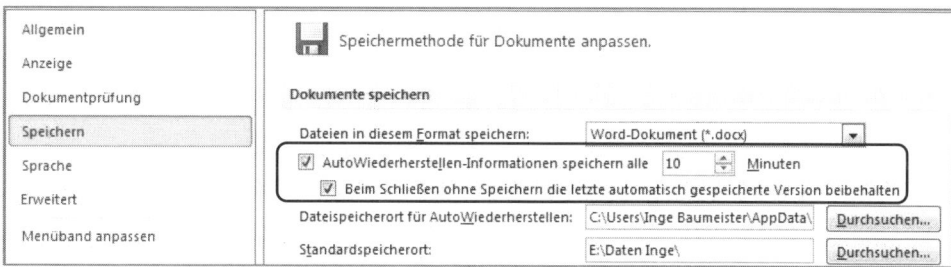

Die automatische Speicherung erfolgt in eine temporäre Datei, die beim Beenden von Word normalerweise wieder gelöscht wird und nur im Fall eines Programmabsturzes erhalten bleibt. Damit Sie auf diese Datei auch zugreifen können, wenn Sie ein Dokument versehentlich ohne vorheriges Speichern schließen, muss auch noch das Kontrollkästchen BEIM SCHLIEßEN OHNE SPEICHERN DIE LETZTE AUTOMATISCH GESPEICHERTE VERSION BEIBEHALTEN aktiviert sein.

Schließen ohne Speichern

Wenn Sie das Speichern vergessen haben

Öffnen Sie die Registerkarte DATEI und klicken Sie auf ZULETZT VERWENDET. Klicken Sie anschließend auf NICHT GESPEICHERTE DOKUMENTE WIEDERHERSTELLEN.

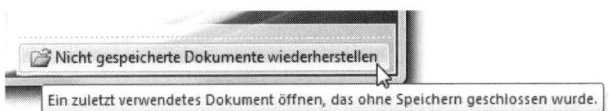

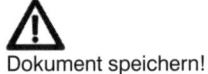

Dokument speichern!

Wählen Sie das Dokument aus, das Sie wiederherstellen möchten und klicken Sie auf ÖFFNEN. Oberhalb der Bearbeitungsleiste erscheint eine Infozeile, die Sie daran erinnert, dass das wiederhergestellte Dokument nur temporär gespeichert wurde. Sie sollten daher nicht vergessen, das Dokument dauerhaft zu speichern. Klicken Sie dazu auf die Schaltfläche SPEICHERN UNTER.

Nach einem Programmabsturz wiederherstellen

Wenn Sie nach einem Programmabsturz Word erneut starten, so erscheint automatisch der Arbeitsbereich DOKUMENTWIEDERHERSTELLUNG. Zum Wiederherstellen klicken Sie auf das Dokument. Manchmal sind gleich mehrere Versionen eines Dokuments verfügbar, dann wählen Sie diejenige aus, die Sie wiederherstellen möchten. Vergessen Sie anschließend nicht, das Dokument ordnungsgemäß zu speichern!

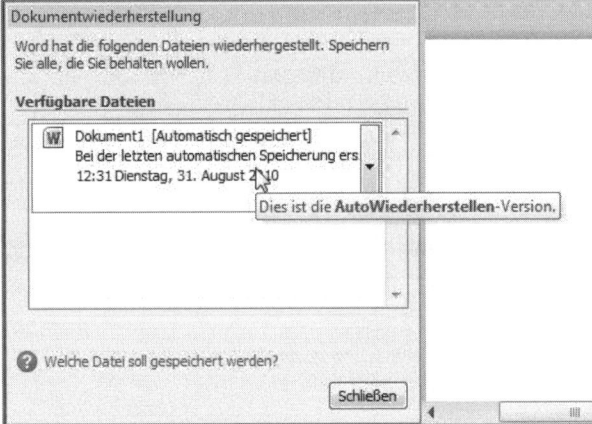

Weitere Speichern-Optionen

Im Fenster WORD-OPTIONEN können Sie in der Kategorie SPEICHERN noch weitere Einstellungen ändern:

Standarddateiformat	Sie können das Dateiformat ändern, in dem Word-Dokumente standardmäßig gespeichert werden. Wählen Sie im Feld DATEIEN IN DIESEM FORMAT SPEICHERN den gewünschten Dateityp aus.
Standardspeicherort	An dieser Stelle können Sie auch den Standardspeicherort für Ihre Dokumente ändern. Standardmäßig schlägt Word beim Speichern den Ordner Eigene DOKUMENTE vor, falls erforderlich, geben Sie im Feld STANDARDSPEICHERORT den entsprechenden Pfad zusammen mit dem Laufwerksbuchstaben ein.

2.2. Ein neues Dokument erstellen

Bei jedem Start von Word erscheint automatisch ein neues, leeres Dokument und Sie können mit der Texteingabe beginnen. Benötigen Sie weitere neue Dokumente, so klicken Sie auf das Register DATEI und anschließend auf den Befehl NEU. Im anschließenden Dialogfenster bietet Word nicht nur ein leeres Dokument an, sondern auch eine Reihe von Vorlagen für verschiedene Zwecke.

Ein neues leeres Dokument erstellen

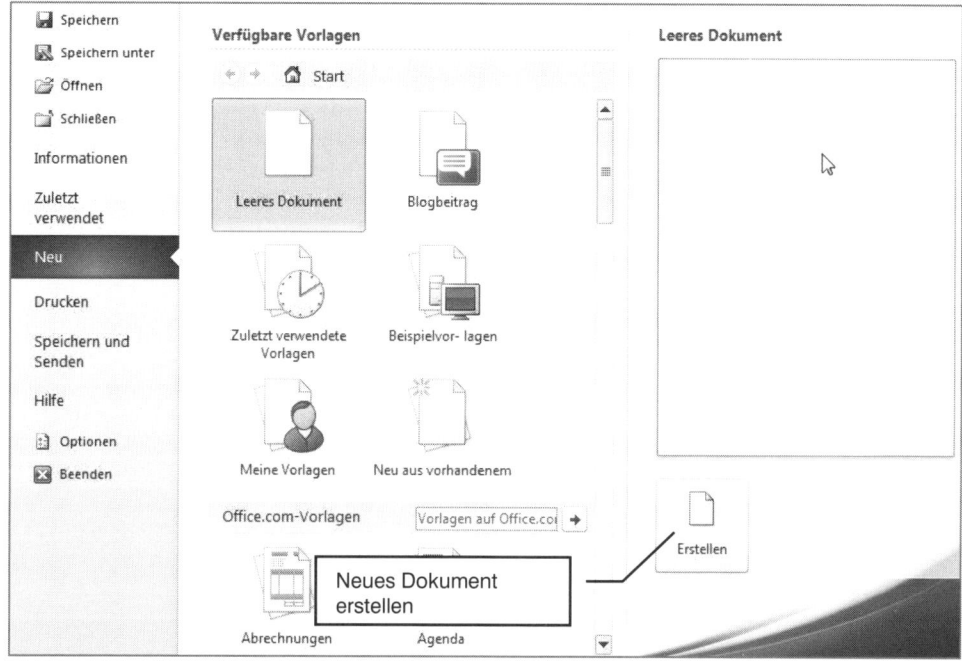

Wenn Sie mit einem neuen leeren Dokument beginnen möchten, dann klicken Sie im mittleren Bereich des Fensters auf LEERES DOKUMENT und anschließend auf ERSTELLEN.

Tipp: Sie können den Befehl NEU (Neues Leeres Dokument) auch der Symbolleiste für den Schnellzugriff hinzufügen.

Siehe Lektion 1.2, Symbolleiste für den Schnellzugriff

Was sind Vorlagen?

Vorlagen sind fertig gestaltete Dokumente, vergleichbar mit Vordrucken, Sie müssen nur noch den gewünschten Inhalt hinzufügen.

* Unter BEISPIELVORLAGEN finden Sie verschiedene Vorlagen, die als fester Bestandteil von Word 2010 auf Ihrem Computer bereits vorhanden sind.

* Wenn Sie eigene Vorlagen erstellt haben, so finden Sie diese über die Schaltfläche MEINE VORLAGEN.

Siehe Lektion 9.5, Eigene Vorlagen erstellen

* Ist Ihr Computer mit dem Internet verbunden, dann stehen Ihnen im Abschnitt OFFICE.COM-VORLAGEN noch weitere Vorlagen online zur Verfügung.

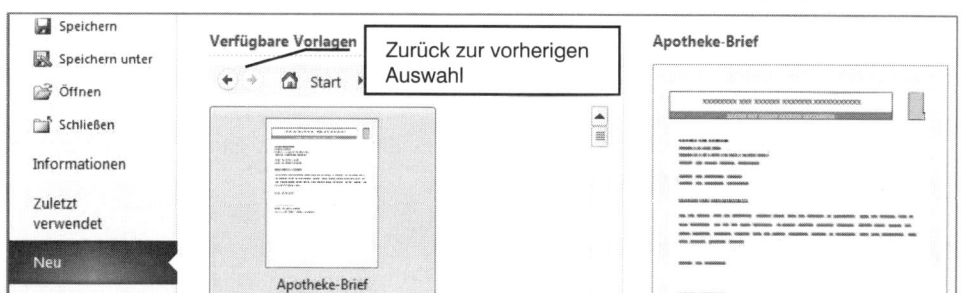

Wenn Sie eine Vorlage verwenden möchten, dann klicken Sie mit der Maus auf die entsprechende Schaltfläche. Word zeigt die verfügbaren Vorlagen an, im rechten Bereich des Fensters sehen Sie eine Vorschau auf die markierte Vorlage. Markieren Sie die gewünschte Vorlage und klicken Sie unterhalb der Vorschau auf die Schaltfläche ERSTELLEN (bei installierten Vorlagen), bzw. DOWNLOAD (bei Online-Vorlagen).

2.3. Dokument öffnen

Zum Öffnen von Dokumenten stehen Ihnen im Register DATEI zwei Möglichkeiten zur Verfügung. Welche Sie verwenden, hängt davon ab, wann das Dokument zum letzten Mal mit Word 2010 geöffnet wurde.

- Klicken Sie auf ÖFFNEN, wenn das Dokument noch nie oder bereits vor längerer Zeit zum letzten Mal geöffnet wurde.
- Klicken Sie auf ZULETZT VERWENDET, wenn das Dokument in der letzten Zeit von Ihnen bereits verwendet wurde.

Das Dialogfenster ÖFFNEN

Mit dem Befehl ÖFFNEN erscheint das Dialogfenster ÖFFNEN, mit dem Sie auf alle Speicherorte Ihres Computers zugreifen können. Das genaue Aussehen des Dialogfensters ist abhängig vom Betriebssystem.

Wie beim Speichern, so wird auch beim Öffnen zunächst der Inhalt des Standardordners angezeigt, meist ist dies der Ordner EIGENE DOKUMENTE (Windows Vista oder 7) oder EIGENE DATEIEN (Windows XP). Befindet sich die benötigte Datei in einem anderen Ordner, so müssen Sie diesen zuerst auswählen. Markieren Sie dann im Anzeigebereich das gewünschte Dokument und klicken Sie auf die Schaltfläche ÖFFNEN oder öffnen Sie die Datei mit einem Doppelklick auf das Dateisymbol.

Zuletzt verwendete Dokumente

Die zuletzt bearbeiteten Dokumente

Zuletzt besuchte Speicherorte

Im Register DATEI können Sie unter der Kategorie ZULETZT VERWENDET nicht nur schnell Dokumente öffnen, die Sie erst kürzlich verwendet haben, Word listet hier auch die zuletzt besuchten Speicherorte auf. Zum Öffnen klicken Sie einfach auf den Dateinamen oder einen Speicherort. Sollten Sie in der Zwischenzeit eine der Dateien gelöscht oder umbenannt haben, so erhalten Sie beim Öffnen eine Fehlermeldung.

Anzahl festlegen

Die maximale Anzahl der zuletzt verwendeten Dateien können Sie in den WORD-OPTIONEN festlegen. Klicken Sie auf die Kategorie ERWEITERT, im Abschnitt ANZEI-GEN können Sie nun festlegen, wie viele zuletzt verwendete Dokumente angezeigt werden sollen, ältere Dokumente verschwinden automatisch aus der Liste.

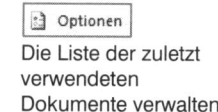

Die Liste der zuletzt verwendeten Dokumente verwalten

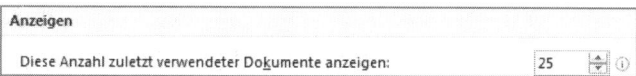

An die Liste der zuletzt verwendeten Dokumente anheften

Soll ein Dokument oder ein häufig benötigter Speicherort dauerhaft in der Liste angezeigt (angeheftet) werden, dann verwenden Sie dazu die kleinen Pin-Symbole. Ein Mausklick auf das Symbol wechselt zwischen angeheftet und nicht angeheftet.

Dauerhaft in der Liste anzeigen

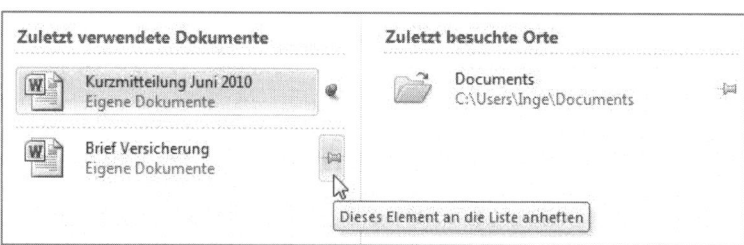

Symbol	Bedeutung
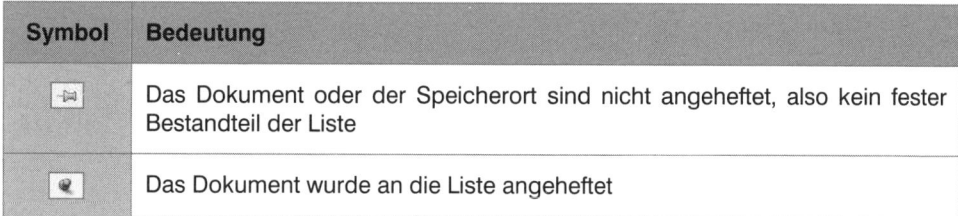	Das Dokument oder der Speicherort sind nicht angeheftet, also kein fester Bestandteil der Liste
	Das Dokument wurde an die Liste angeheftet

Eine weitere Möglichkeit finden Sie im Kontextmenü. Klicken Sie mit der rechten Maustaste auf den Dateinamen des Dokuments und wählen Sie AN LISTE ANHEF-TEN. Über das Kontextmenü können Sie ein Dokument auch wieder aus der Liste entfernen.

Schnellzugriffsliste anzeigen

Sie können zuletzt verwendete Dokumente auch in Form einer Schnellzugriffsliste zur Navigationsleiste des Registers DATEI hinzufügen. Klicken Sie dazu auf die

Kategorie ZULETZT VERWENDET und aktivieren Sie das Kontrollkästchen SCHNELLZU-GRIFF AUF DIESE ANZAHL ZULETZT VERWENDETER DOKUMENTE. Geben Sie daneben die maximale Anzahl der Dokumente an.

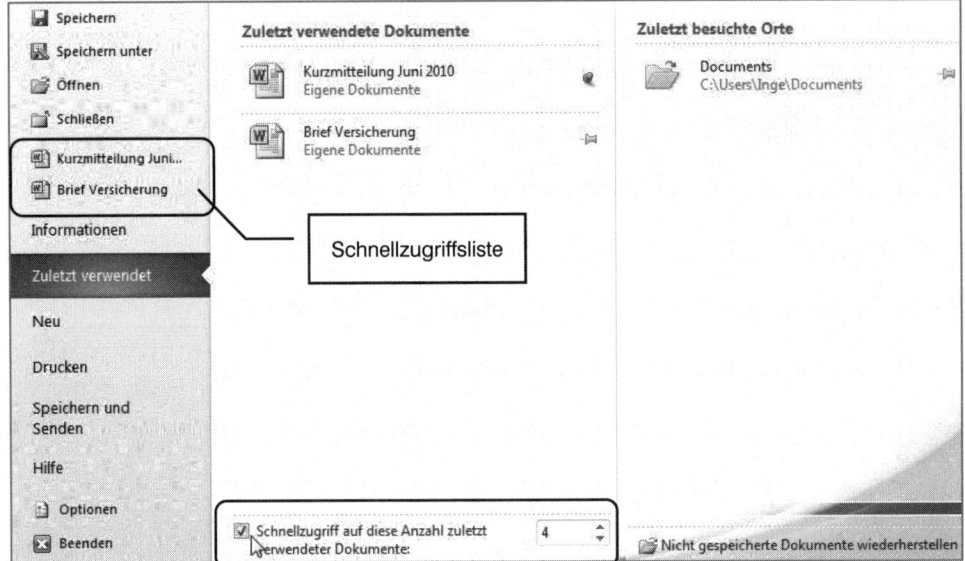

Kompatibilitätsmodus

Dokumente mit der Dateinamenserweiterung .doc, die mit älteren Versionen von Word erstellt und gespeichert wurden, werden von Word 2010 im so genannten Kompatibilitätsmodus geöffnet. Ein entsprechender Hinweis erscheint zusammen mit dem Dateinamen in der Titelleiste des Anwendungsfensters. Im Kompatibilitätsmodus stehen neuere Funktionen von Word 2010, beispielsweise besondere Texteffekte, nicht zur Verfügung.

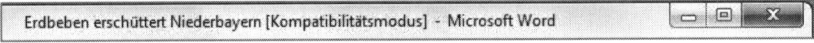

2.4. Zusammenfassung

- Das Register DATEI dient zur Verwaltung von Word-Dokumenten. Es stellt die Backstage-Ansicht eines Dokuments mit dessen Eigenschaften dar. Gleichzeitig enthält dieses Register alle Befehle zum Speichern, Öffnen oder Erstellen neuer Dokumente. Über die WORD-OPTIONEN können weitere allgemeine Einstellungen geändert werden.

- Beim Speichern eines Word-Dokuments müssen Sie einen Dateinamen und einen Ordner oder ein Laufwerk als Speicherort angeben. Im Gegensatz zu früheren Versionen von Word speichert Word 2010 Dokumente im XML-basierten Office-2010-Dateiformat mit der Dateinamenserweiterung .docx. Wenn Dokumente auch mit älteren Word-Versionen geöffnet werden sollen, dann müssen Sie beim Speichern das entsprechende Dateiformat wählen. Word 2010 unterstützt auch das Erstellen von Dateien im PDF-Dateiformat.

- Sollten Sie einmal das Speichern eines Dokuments vergessen, dann leistet die AutoWiederherstellen-Funktion nützliche Dienste. Wenn diese Funktion aktiviert wurde, dann erfolgt im Hintergrund in regelmäßigen Intervallen eine automatische Speicherung in einer temporären Datei. Wird diese Datei beim Beenden von Word nicht gelöscht, so können Sie auch nicht gespeicherte Dokumente, beispielsweise nach einem Programmabsturz, wiederherstellen.

- Statt mit einem neuen, leeren Dokument zu beginnen, können Sie auch verschiedene, bereits gestaltete Vorlagen, vergleichbar mit Vordrucken, verwenden. Dazu stehen Ihnen verschiedene Vorlagen auf Ihrer Festplatte, online auf Office.com oder eigene Vorlagen zur Verfügung.

- Word listet in der Kategorie ZULETZT VERWENDET die zuletzt verwendeten Dokumente und Speicherorte auf, damit Sie schnell auf Dateien zugreifen können. Darüber hinaus haben Sie die Möglichkeit, diese Liste anzupassen, indem Sie Dokumente fest an diese Liste anheften oder eine Schnellzugriffsliste im Navigationsbereich des Registers DATEI erstellen.

Bemerkungen:

_____

_____

_____

_____

_____

_____

3. Texteingabe und Textkorrektur

In dieser Lektion lernen Sie

- Text eingeben und nachträglich korrigieren
- Text markieren, verschieben und kopieren
- Zeilenumbruch und nicht druckbare Zeichen
- Rechtschreibung und Grammatik

Was Sie für diese Lektion wissen sollten

- Die Arbeitsumgebung von Word

Übersicht über die Tasten einer Tastatur im Anhang

Nach dem Starten von Microsoft Word erscheint automatisch ein neues leeres Dokument auf dem Bildschirm. Sie können daher sofort mit der Texteingabe beginnen. Wenn Sie mit der Tastatur und der Texteingabe am Computer noch nicht vertraut sind, sollten Sie sich zuvor mit den Grundlagen der Textverarbeitung befassen. Im Anhang finden Sie ein deutsches Tastaturlayout mit allen Tasten.

3.1. Text eingeben

In der linken oberen Ecke des Dokuments, am Textanfang, ist ein blinkender, senkrechter Strich sichtbar, die Einfügemarke oder der Cursor. Jedes Zeichen, das Sie über die Tastatur eintippen, erscheint auf dem Bildschirm an der Cursorposition, gleichzeitig wird der Cursor und damit das Textende nach rechts, bzw. nach unten verschoben.

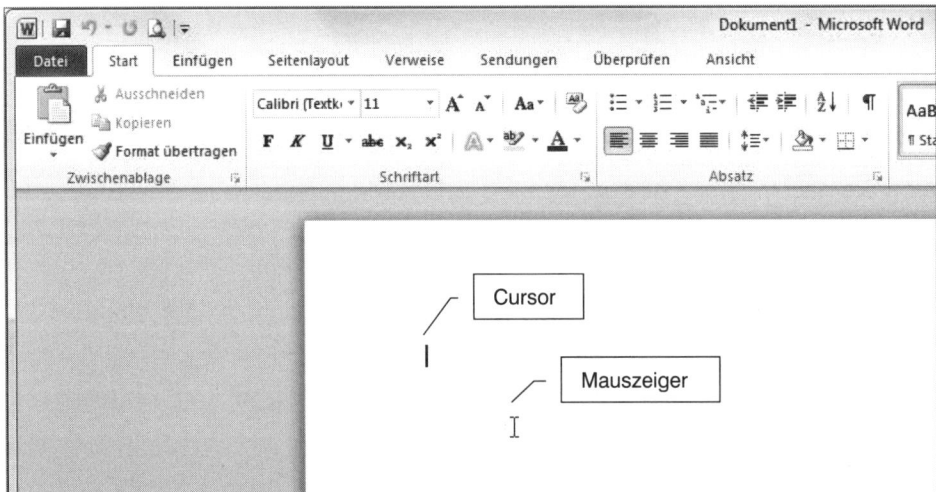

Cursor und Mauszeiger

Wichtige Tasten bei der Eingabe:

Taste	Bedeutung
⇧	Zur Eingabe von Großbuchstaben halten Sie gleichzeitig die Umschalt-, oder Shift-Taste gedrückt.
⇩	Durch einmaliges Betätigen der Feststelltaste schalten Sie um auf dauerhafte Großschreibung. Drücken Sie nochmals die Feststelltaste, um diesen Modus wieder zu beenden.

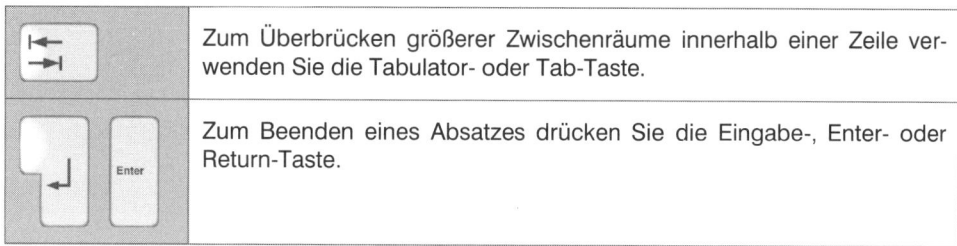

	Zum Überbrücken größerer Zwischenräume innerhalb einer Zeile verwenden Sie die Tabulator- oder Tab-Taste.
	Zum Beenden eines Absatzes drücken Sie die Eingabe-, Enter- oder Return-Taste.

Nicht druckbare Steuerzeichen

Word kann am Bildschirm auch Zeichen darstellen, die später auf dem Ausdruck nicht erscheinen, sie werden als Steuerzeichen bezeichnet. Daher kann möglicherweise rechts vom Cursor noch ein anderes Zeichen sichtbar sein, die Absatzendemarke (¶). Dieses Zeichen wird eingefügt, wenn Sie mit der Eingabe-Taste einen Absatz beenden. Weitere Zeichen sind beispielsweise Leerzeichen zwischen zwei Wörtern und Tabulatorzeichen. Die Anzeige dieser Zeichen steuern Sie mit der Schaltfläche ALLE ANZEIGEN im Register START, Gruppe ABSATZ.

¶
ALLE ANZEIGEN

¶
Absatzende

> Nicht·druckbare·Zeichen·können·in·Word·ein-·und·ausgeblendet·werden.·Dazu·zählen·
> Absatzende,·Leerzeichen·zwischen·den·Wörtern·und·→ Drücken·der·Tabulatortaste.¶
> ¶
> Am·Absatzende·und·in·Leerzeilen·erscheint·dieses·Zeichen.¶

Beispiel: nicht druckbare Steuerzeichen

Die Anzeige der Steuerzeichen wirkt zwar anfangs störend, liefert aber nützliche Informationen. Beispielsweise, wenn es darum geht, die Anzahl der Leerzeilen im Text zu ermitteln oder herauszufinden, warum Word im Text plötzlich eine neue Zeile beginnt.

Die Steuerzeichen liefern nützliche Informationen

Absätze und automatischer Zeilenumbruch

Passt während der Eingabe ein Wort nicht mehr in eine Zeile, so wandert das Wort an den Anfang der nächsten Zeile, es erfolgt ein automatischer Zeilenumbruch. Wenn Sie nachträgliche Änderungen am Text vornehmen, also Text einfügen oder löschen, oder eine größere oder kleinere Schrift wählen, dann passt sich der Zeilenumbruch jedes Mal automatisch neu an. Die Eingabe- oder Return-Taste benötigen Sie daher nur, wenn Sie einen Absatz beenden oder Leerzeilen einfügen möchten. Unter einem Absatz versteht man in der Textverarbeitung einen zusammenhängenden Text, auch über mehrere Zeilen, der mit einem Absatzende beendet wird.

Absatz: zusammenhängender Text

Verwenden Sie die Eingabe-Taste nur, um einen Absatz zu beenden, nicht aber innerhalb eines zusammenhängenden Textes am Ende jeder Zeile.

Leerzeilen überbrücken

Während der Eingabe kann der Mauszeiger im Dokument auch noch andere Formen annehmen. Mit Hilfe der Funktion "KLICKEN UND EINGEBEN" können Sie bei der Eingabe schnell größere Abstände im Text erzeugen: möchten Sie beispielsweise in der Mitte eines leeren Dokuments mit der Texteingabe beginnen, dann zeigen Sie an die betreffende Stelle. Nach einem Doppelklick erscheint hier auch der Cursor und Sie können mit der Eingabe beginnen. Achten Sie dabei auf den Mauszeiger!

Schnell Leerzeilen erzeugen

Nur unterhalb oder rechts vom Textende verfügbar

Mauszeiger	Bedeutung
≡I	Der Text wird am linken Seitenrand ausgerichtet (linksbündig)
I≡	Der Text wird am rechten Seitenrand ausgerichtet (rechtsbündig)
I	Der Text wird zwischen dem linken und rechten Seitenrand zentriert

3.2. Im Text bewegen

Klicken Sie mit der Maus an die gewünschte Stelle

Genauso wie die Eingabe sind auch spätere Änderungen immer nur an der Cursorposition möglich. Sie müssen daher immer zuerst den Cursor an die entsprechende Stelle setzen, bevor Sie Korrekturen am Text vornehmen können. Die einfachste Möglichkeit zum Positionieren des Cursors ist die Verwendung der Maus: zeigen Sie an die betreffende Stelle und klicken Sie anschließend.

Verwechseln Sie den Cursor nicht mit dem Mauszeiger!

Verwechseln Sie den Cursor nicht mit dem Mauszeiger! Die Position des Cursors ist unabhängig von der Position des Mauszeigers. Es genügt nicht, wenn Sie mit der Maus auf eine Textstelle zeigen, Sie benötigen einen Mausklick.

Wenn Sie den Cursor mit Hilfe der Tastatur, beispielsweise während der Eingabe, bewegen möchten, dann können Sie die folgenden Tasten bzw. Tastenkombinationen verwenden:

Tastenkombinationen, die den Cursor im Text bewegen

Taste	Bedeutung
← →	Bewegt den Cursor um ein Zeichen nach links oder rechts
Strg + ←	Setzt den Cursor an den Anfang des vorherigen Wortes
Strg + →	Setzt den Cursor an den Anfang des nächsten Wortes
↑ ↓	Bewegt den Cursor um eine Zeile nach oben oder unten
Strg + ↑	Zum Absatzanfang
Strg + ↓	Zum Anfang des nächsten Absatzes
Pos 1	An den Anfang der aktuellen Zeile
Ende	An das Ende der aktuellen Zeile
Strg + Pos 1	Zum Dokumentanfang

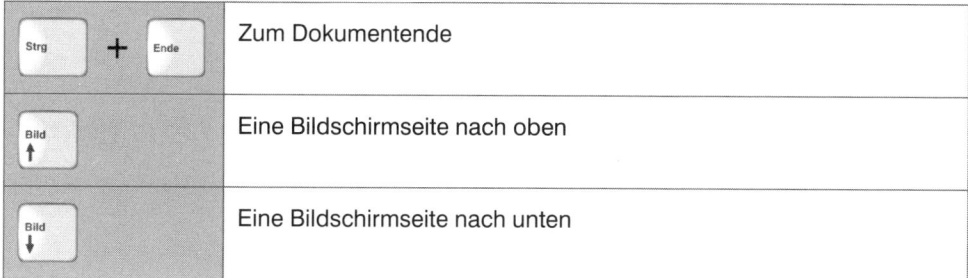

Strg + Ende	Zum Dokumentende
Bild ↑	Eine Bildschirmseite nach oben
Bild ↓	Eine Bildschirmseite nach unten

In umfangreichen Dokumenten blättern

In längeren Dokumenten ist am Bildschirm nur ein Ausschnitt des gesamten Textes sichtbar. Verwenden Sie entweder die Bildlaufleiste am rechtem Bildschirmrand, das Rad der Maus, oder die Tasten Bild auf/ ab, um durch den Text zu blättern (Scrollen). Zusätzliche Schaltflächen zum Blättern finden Sie am unteren Ende der Bildlaufleiste.

Die Schaltflächen der Bildlaufleiste

3.3.　Text korrigieren

Text löschen

Einzelne Zeichen löschen Sie mit der Taste Entf (Entfernen, engl. Del, delete) oder der Korrekturtaste (oberhalb der Eingabetaste). Positionieren Sie zuerst den Cursor an der gewünschten Stelle und benutzen Sie dann eine der beiden Tasten.

Entf-Taste

Korrekturtaste

Taste	Bedeutung
←	Löscht das Zeichen links vom Cursor, daher auch als Rückschritt-Taste (engl. Backspace) bezeichnet
Entf	Löscht das Zeichen rechts vom Cursor

Mit diesen beiden Tasten können Sie beliebig viele Zeichen nacheinander löschen. Das Löschen längerer Texte geht schneller, wenn Sie den Text zuvor markieren und dann mit einem einzigen Tastendruck auf die Korrektur- oder Entf-Taste löschen.

Siehe nächster Abschnitt: Text markieren

Beim Löschen rückt der übrige Text automatisch wieder nach links.

Auch nicht druckbare Steuerzeichen wie Absatzende, Tabulator oder Leerzeichen können gelöscht werden. Beginnt beispielsweise innerhalb eines Wortes plötzlich eine neue Zeile, dann haben Sie vermutlich die Eingabe-Taste gedrückt, während sich der Cursor im Wort befand und dadurch an dieser Stelle ein Absatzende eingefügt. Als Abhilfe sorgen Sie dafür, dass die Absatzendemarke sichtbar ist. Nun können Sie dieses Zeichen löschen und die restliche Zeile wandert wieder nach oben.

¶

ALLE ANZEIGEN

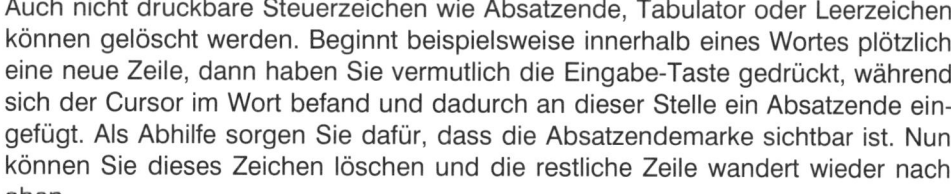

Beispiel: Zeilenumbruch im Wort

Text nachträglich einfügen

Um nachträglich weitere Zeichen im Text einzufügen, setzen Sie den Cursor an die gewünschte Stelle und geben die Zeichen über die Tastatur ein. Bereits bestehender Text rechts vom Cursor bleibt erhalten und wird automatisch nach rechts verschoben.

Einfügemodus

Beim nachträglichen Einfügen rückt bereits bestehender Text nach rechts. Dieser Einfügemodus ist in Word standardmäßig aktiviert.

Überschreibmodus

Eine weitere Möglichkeit, bei der vorhandener Text durch nachträgliche Eingabe von Zeichen überschrieben wird, ist der so genannte Überschreibmodus. Durch Drücken der Einfg-Taste (Einfügen, engl. Ins, insert) kann zwischen Überschreib- und Einfügemodus gewechselt werden. Diese Funktion wird normalerweise nicht benötigt und ist daher standardmäßig ausgeschaltet, sie muss bei Bedarf erst über die WORD-OPTIONEN aktiviert werden.

Tippfehler korrigieren

Bei der Korrektur von Tippfehlern brauchen Sie also nur den Cursor an der betreffenden Stelle positionieren, das falsch eingetippte Zeichen löschen und anschließend das korrekte Zeichen über die Tastatur eingeben.

Rückgängig, Wiederholen und Wiederherstellen

RÜCKGÄNGIG

Die meisten Bearbeitungsschritte, wie versehentliches Löschen oder Überschreiben, können in Word wieder rückgängig gemacht werden. Klicken Sie dazu auf die Schaltfläche RÜCKGÄNGIG in der Symbolleiste für den Schnellzugriff. Mehrere Schritte können Sie durch wiederholtes Klicken auf die Schaltfläche rückgängig machen.

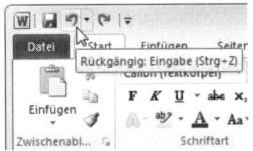

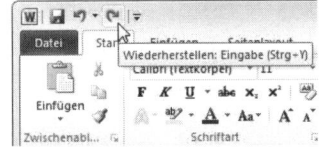

RÜCKGÄNGIG   WIEDERHOLEN   WIEDERHERSTELLEN

Letzten Bearbeitungsschritt WIEDERHOLEN

Genauso ist es möglich, einen Bearbeitungsschritt, beispielsweise das Betätigen der Entf-Taste, zu wiederholen. Mit jedem Klick auf die Schaltfläche WIEDERHOLEN wird also ein weiteres Zeichen rechts des Cursors gelöscht.

WIEDERHERSTELLEN

Haben Sie zu viele Schritte rückgängig gemacht, bzw. wollen Sie die zuvor rückgängig gemachten Aktionen wiederherstellen, dann verwenden Sie die Schaltfläche WIEDERHERSTELLEN.

Das Symbol WIEDERHERSTELLEN erscheint nur nach dem Rückgängig-Machen eines Bearbeitungsschrittes, das Symbol WIEDERHOLEN nach jeder anderen Aktion.

3.4.   Text markieren

Mit der Maus markieren

Text mit gedrückter linker Maustaste markieren

Wenn Sie mehrere Wörter gleichzeitig löschen möchten, dann sollten Sie den Text zuvor markieren. Markierten Text können Sie durch einmaliges Drücken der Korrekturtaste oder der Entf-Taste löschen. Aber auch für viele andere Bearbeitungsschritte müssen Sie den Text zuvor markieren. Markieren bedeutet also einfach, eine Textstelle für weitere Schritte hervorheben.

Am einfachsten markieren Sie mit der Maus: bewegen Sie den Mauszeiger an den Anfang der Textstelle, die Sie markieren möchten, drücken Sie die linke Maustaste und halten Sie Taste gedrückt, während Sie gleichzeitig den Mauszeiger über den Text bewegen. Lassen Sie los, wenn die gewünschte Textstelle markiert ist. Markierten Text erkennen Sie am blaugrauen Hintergrund. Um eine Markierung wieder aufzuheben, klicken Sie mit der Maus an eine beliebige Stelle des Dokuments.

Ein Mausklick an eine beliebige Stelle hebt die Markierung wieder auf

---

Erdbeben erschüttert Niederbayern

Ein Erdbeben mit der Stärke 5,4 auf der Richterskala hat am frühen Sonntagmorgen tausende Niederbayern aus dem Schlaf gerissen. Nach ersten Erkenntnissen der Polizei entstand nur geringer Sachschaden.

Ein Erdbeben mit der Stärke 5,4 hat Tausende Menschen in Niederbayern aus dem Schlaf gerissen. Nach ersten Erkenntnissen der Polizei entstand nur geringer Sachschaden. Das Epizentrum lag am Sonntagmorgen zwischen Vilshofen und Passau. Die Erdstöße seien in einem Umkreis von bis zu 250 Kilometern spürbar gewesen, teilte das Landesamt für Geologie, Rohstoffe und Bergbau in Oberammergau mit. Auch viele Menschen in Österreich und in Tschechien wurden verängstigt. Tausende besorgte Bürger meldeten sich telefonisch bei den Polizeidienststellen.

Beispiel: Markierung

So markieren Sie mit der Maus:

Markierung	So gehen Sie vor
Ein einzelnes Wort	Machen Sie einen Doppelklick in das Wort.
Ein Satz	Klicken Sie bei gedrückter Strg-Taste in den Satz.
Eine Zeile	Klicken Sie mit der Maus am linken Rand vor der gewünschten Zeile. Dieser Bereich ist die so genannte Markierungsspalte, der Mauszeiger wird als gespiegelter Pfeil dargestellt.
Mehrere zusammenhängende Zeilen	Bewegen die Maus mit gedrückter linker Maustaste in der Markierungsspalte nach oben oder unten.
Ein Absatz	Klicken Sie in der Markierungsspalte neben dem Absatz doppelt Oder: klicken Sie dreimal innerhalb des Absatzes an eine beliebige Stelle.
Das gesamte Dokument	Drücken Sie die Tastenkombination Strg + A

 Ein Erdbeben mit der Stärke 5,4 hat Tausende Menschen in Niederbayern aus dem Schlaf gerissen. Nach ersten Erkenntnissen der Polizei entstand nur geringer Sachschaden. Das Epizentrum lag am Sonntagmorgen zwischen Vilshofen und Passau. Die Erdstöße seien in einem Umkreis von bis zu 250 Kilometern spürbar gewesen, teilte das Landesamt für Geologie, Rohstoffe und Bergbau in Oberammergau mit. Auch viele Menschen in Österreich und in Tschechien wurden verängstigt. Tausende besorgte Bürger meldeten sich telefonisch bei den Polizeidienststellen.

Beispiel: Markierung mit der Markierungsspalte

Nicht zusammenhängende Bereiche markieren

Mehrere nicht zusammenhängende Bereiche können Sie mit gedrückter Strg-Taste markieren. Dabei gehen Sie so vor:

Mehrfachmarkierung

1. Markieren Sie die erste Textstelle.

2. Drücken Sie dann die Strg-Taste und halten Sie sie gedrückt, während Sie nacheinander die weiteren gewünschten Bereiche mit der Maus markieren.

3. Lassen Sie die Strg-Taste los. Alle Textstellen bleiben solange markiert, bis Sie mit der Maus an eine andere Stelle klicken.

Erdbeben erschüttert Niederbayern

Ein Erdbeben mit der Stärke 5,4 auf der Richterskala hat am frühen Sonntagmorgen tausende Niederbayern aus dem Schlaf gerissen. Nach ersten Erkenntnissen der Polizei entstand nur geringer Sachschaden.

Ein Erdbeben mit der Stärke 5,4 hat Tausende Menschen in Niederbayern aus dem Schlaf gerissen. Nach ersten Erkenntnissen der Polizei entstand nur geringer Sachschaden. Das Epizentrum lag am Sonntagmorgen zwischen Vilshofen und Passau. Die Erdstöße seien in einem Umkreis von bis zu 250 Kilometern spürbar gewesen, teilte das Landesamt für Geologie, Rohstoffe und Bergbau in Oberammergau mit. Auch viele Menschen in Österreich und in Tschechien wurden verängstigt. Tausende besorgte Bürger meldeten sich telefonisch bei den Polizeidienststellen.

Beispiel: Markierung mehrerer nicht zusammenhängender Bereiche

Mit der Tastatur markieren

Anstelle der Maus können Sie auch die Tastatur zum Markieren verwenden:

- Entweder halten Sie die Umschalt-Taste gedrückt und navigieren gleichzeitig mit den Pfeiltasten durch den Text.

F8 aktiviert den Erweiterungsmodus

- Alternativ verwenden Sie den so genannten Erweiterungsmodus, den Sie mit der Funktionstaste F8 aktivieren und mit der Esc-Taste wieder beenden. Im Erweiterungsmodus markieren Sie gleichzeitig, während Sie den Cursor im Text bewegen. Wenn Sie im Erweiterungsmodus mit der Maus im Text klicken, dann wird der Text ebenfalls bis zu dieser Stelle markiert.

Der Erweiterungsmodus bietet noch folgende, weitere Möglichkeiten:

Im Erweiterungsmodus markieren

Taste(n)	Bedeutung
2x F8	Das aktuelle Wort markieren
3x F8	Den aktuellen Satz markieren
4x F8	Den aktuellen Absatz markieren
5x F8	Das gesamte Dokument markieren

Markierten Text überschreiben

Markierter Text kann einfach überschrieben werden

Wenn Sie vorhandenen Text durch einen anderen ersetzen möchten, dann genügt es, wenn Sie die Textstelle markieren und durch Tastatureingabe ohne vorheriges Löschen einfach überschreiben. Die Länge des Textes spielt dabei keine Rolle.

Beispiel: Sie möchten in einem längeren Text das Wort "Textverarbeitungspro-gramm" ersetzen durch den Ausdruck "Microsoft Word". Markieren Sie das Wort, am einfachsten mit einem Doppelklick. Anschließend geben Sie einfach den neuen Begriff über die Tastatur ein.

3.5. Rechtschreib- und Grammatikprüfung

Erscheinen während der Eingabe auf dem Bildschirm einzelne Wörter mit einer roten Wellenlinie unterstrichen? Dann wurden diese Wörter von der automatischen Rechtschreibprüfung als Fehler gekennzeichnet. Grammatikfehler werden mit einer grünen Wellenlinie hervorgehoben. Diese Kennzeichnung erscheint ausschließlich auf dem Bildschirm und nicht auf dem Ausdruck.

Rote Wellenlinie: Rechtschreibung

Grüne Wellenlinie: Grammatik

Die Überprüfung erfolgt automatisch während der Eingabe anhand eines Standardwörterbuches und integrierter Regeln für Rechtschreibung und Grammatik. Ist ein Wort nicht im Wörterbuch enthalten, wird es als Rechtschreibfehler gekennzeichnet.

Beachten Sie, dass nicht alle Rechtschreib- und Grammatikfehler von Word gefunden werden und korrekt geschriebene Wörter möglicherweise als Fehler hervorgehoben werden. Dies gilt vor allem für Adressangaben oder Fremdwörter.

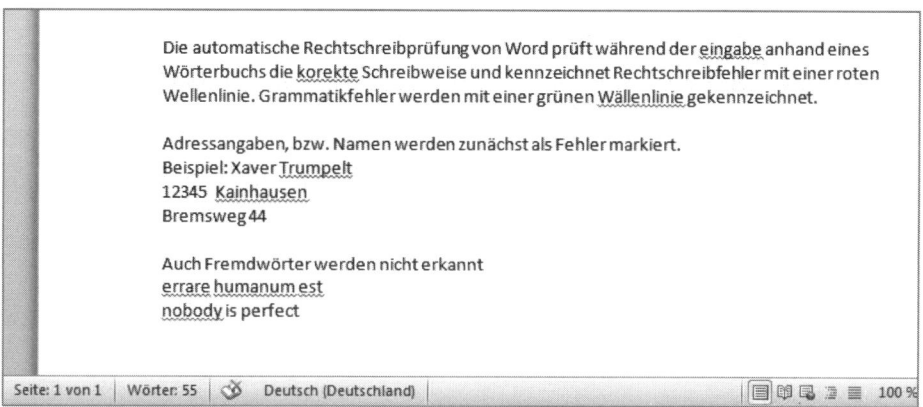

Beispiel: Rechtschreibfehler

Korrekturmöglichkeiten

Um Rechtschreib- und Grammatikfehler nach der Eingabe zu korrigieren, können Sie eine der folgenden Möglichkeiten nutzen:

Möglichkeit 1

Klicken Sie mit der rechten Maustaste auf ein als fehlerhaft gekennzeichnetes Wort. Ein Kontextmenü mit Korrekturvorschlägen erscheint, wählen Sie mit einem Mausklick die richtige Schreibweise aus.

Korrektur über das Kontextmenü

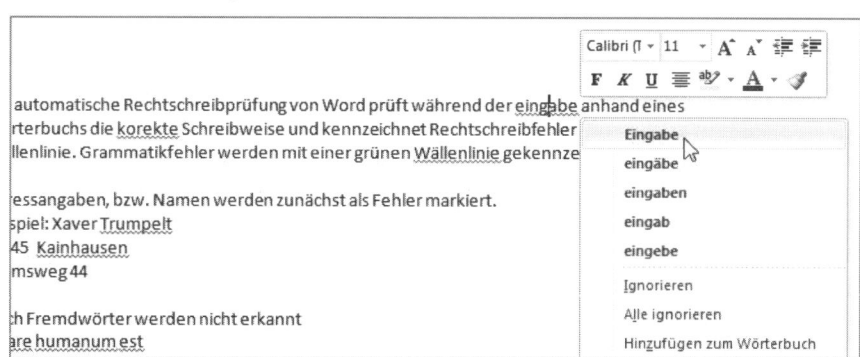

Korrektur über das Kontextmenü

RECHTSCHREIBUNG

Möglichkeit 2

Klicken Sie in der Statusleiste am unteren Bildschirmrand auf das Symbol RECHT-SCHREIBUNG. Word beginnt automatisch am Anfang des Dokuments, markiert den ersten gefundenen Fehler und bietet eine Auswahl von Korrekturvorschlägen an. Klicken Sie mit der Maus auf die gewünschte Schreibweise. Mit einem erneuten Mausklick auf das Symbol RECHTSCHREIBUNG fahren Sie mit der Korrektur fort.

Register ÜBERPRÜFEN, Gruppe DOKUMENTPRÜFUNG

Möglichkeit 3

Wechseln Sie in das Register ÜBERPRÜFEN und klicken Sie in der Gruppe DOKU-MENTPRÜFUNG auf die Befehlsschaltfläche RECHTSCHREIBUNG UND GRAMMATIK. Damit öffnet Word ein eigenes Dialogfenster und zeigt darin den ersten gefundenen Fehler im Dokument an. Wählen Sie unter den Korrekturvorschlägen die richtige Schreibweise aus und klicken Sie auf die Schaltfläche ÄNDERN. Damit wird automatisch der nächste Fehler angezeigt und Sie können mit der Korrektur fortfahren.

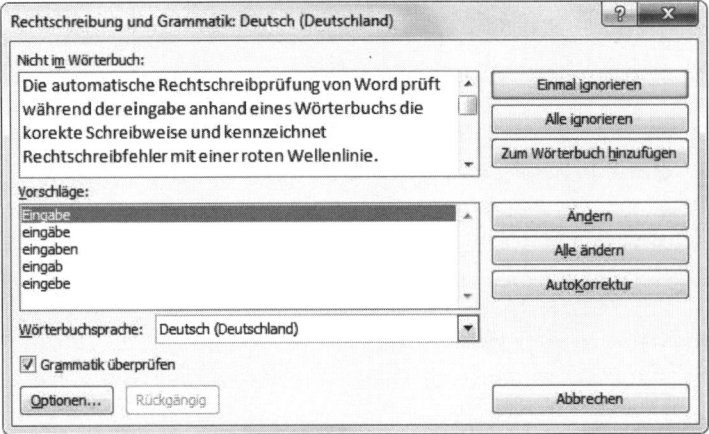

Korrekturtipps

Wenn die richtige Schreibweise in den Vorschlägen nicht enthalten ist

Manchmal wird ein Fehler zwar erkannt, Word zeigt aber keine oder nicht die richtigen Korrekturvorschläge an. Dann müssen Sie selbst die nötigen Änderungen im Dialogfenster RECHTSCHREIBUNG UND GRAMMATIK vornehmen. Betätigen Sie anschließend die Schaltfläche ÄNDERN.

Wenn ein Wort richtig eingegeben wurde, aber als Fehler markiert wird

Namen von Personen und Adressenangaben sind nicht im Wörterbuch von Word enthalten. In diesem Fall wählen Sie entweder die Option EINMAL IGNORIEREN oder ALLE IGNORIEREN, um die Kennzeichnung auszublenden.

Wenn der Text Fremdwörter enthält

Fremdwörter oder fremdsprachliche Begriffe sind ebenfalls nicht im deutschen Wörterbuch enthalten. Sie können aber häufig verwendete Fremdwörter mit dem Befehl ZUM WÖRTERBUCH HINZUFÜGEN in das Wörterbuch mit aufnehmen.

Wenn das Dokument längere fremdsprachliche Texte enthält

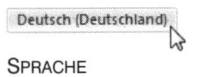

SPRACHE

Bei längeren fremdsprachlichen Texten, beispielsweise englischen Sätzen, sollten Sie die verwendete Sprache ändern. Dazu markieren Sie den Text und klicken anschließend in der Statusleiste auf die Schaltfläche SPRACHE. Hier sehen Sie auch die Sprache, die Word aktuell im markierten Text für die Rechtschreibprüfung verwendet. Wählen Sie dann mit einem Mausklick die gewünschte Sprache aus. Diese gilt ausschließlich für den markierten Text.

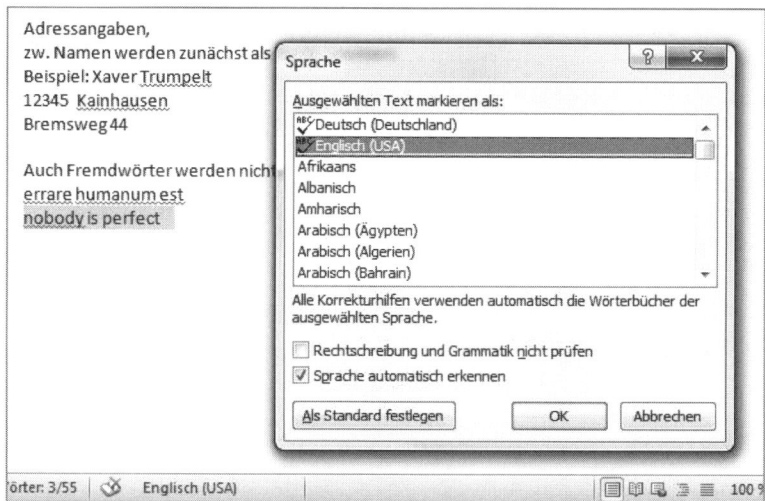

Sprachauswahl für die Rechtsschreib- und Grammatikprüfung

Optionen zur Rechtschreib- und Grammatikprüfung

Rechtschreib- und
Grammatikprüfung
anpassen

Zusätzliche Einstellungen zur Rechtschreib- und Grammatikprüfung legen Sie über die Word-Optionen fest. Klicken Sie dazu auf das Register DATEI und wählen Sie OPTIONEN, worauf das Dialogfenster WORD-OPTIONEN geöffnet wird. Klicken Sie auf den Eintrag DOKUMENTPRÜFUNG, hier haben Sie unter anderen folgende Möglichkeiten:

- Sie können festlegen, ob Word die neue deutsche Rechtschreibung verwenden soll (dies ist die Standardeinstellung).

- Da es sich bei Wörtern in Großbuchstaben häufig um Produktbezeichnungen oder andere Ausdrücke handelt, können Sie diese Wörter ignorieren lassen. Gleiches gilt auch für Internetadressen, Dateinamen bzw. Suchpfade sowie Wörter mit Zahlen.

- Sie können auch die Kennzeichnung von Rechtsschreib- und Grammatikfehlern im Dokument ausblenden.

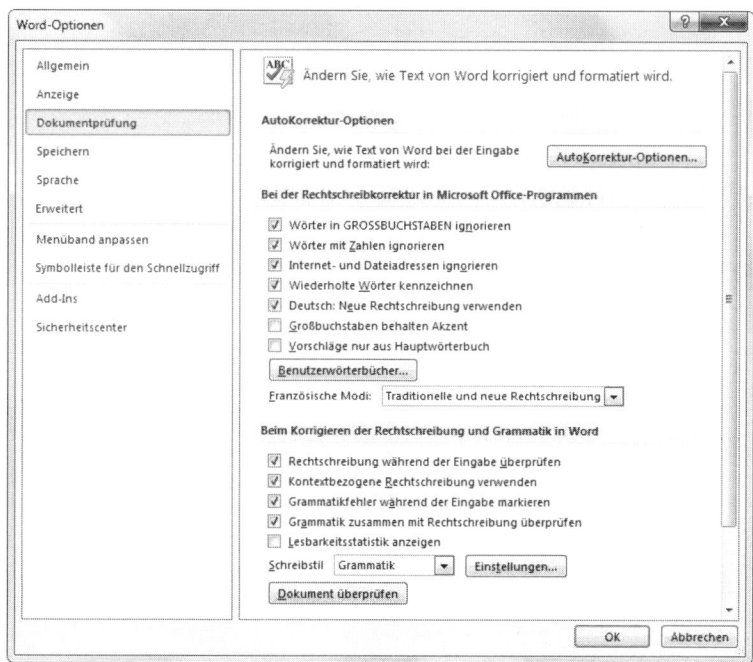

Optionen der Rechtschreib- und Grammatikprüfung

3.6.   Besonderheiten bei der Eingabe

Zeilenumbruch

Manueller Zeilenumbruch

Neue Zeile, ohne einen
Absatz zu beenden

Durch Drücken der Eingabe-Taste erzeugen Sie ein Absatzende und beginnen eine neue Zeile. In manchen Fällen kann es sinnvoll sein, eine neue Zeile zu beginnen, ohne den Absatz zu beenden. Dies bezeichnet man in Word auch als manuellen Zeilenumbruch oder "weiche" Zeilenschaltung. Einen manuellen Zeilenumbruch fügen Sie mit den Tasten Umschalt + Eingabe-Taste ein. Bei eingeblendeten Steuerzeichen erscheint am Zeilenende dieses Zeichen: ↵

> Die·Computer·in·einem·Busnetz·kommunizieren·miteinander,·indem·sie·Daten·an·einen·bestimmten· Computer·adressieren·und·diese·in·Form·elektrischer·Signale·über·das·gesamte·Kabel·versenden.·Die· Signale·erreichen·alle·Computer,·werden·aber·nur·von·dem·Computer·aufgenommen,·dessen· Adresse·mit·der·angegebenen·Zieladresse·übereinstimmt.·In·einem·Busnetzwerk·kann·immer·nur·ein· einziger·Computer·senden!·Senden·nun·dennoch·zwei·gleichzeitig,·so·entsteht·eine·Kollision,·die·von· der·Netzwerkkarte·erkannt·wird·und·beide·Computer·versuchen·nach·einer·kurzen·Wartezeit,·die· dem·Zufallsprinzip·unterliegt,·erneut·zu·senden.¶
> ¶
> Busnetzwerke·sind·für·heutige·Netzwerke·nicht·mehr·zu·empfehlen,·da·sie·einige·schwerwiegende· Nachteile·besitzen:↵
> Je·mehr·Computer·sich·in·einem·Netzwerk·befinden,·desto·langsamer·wird·das·gesamte·Netzwerk.↵
> Ein·Kabelschaden·führt·zu·einem·Ausfall·des·gesamten·Netzwerks.↵
> Es·können·maximal·30·Computer·an·ein·Netzwerk·angeschlossen·werden.↵

Beispiel: Manueller Zeilenumbruch

Zeilenumbruch verhindern

Standardmäßig erfolgt ein automatischer Zeilenumbruch zwischen zwei Wörtern, also bei einem Leerzeichen. Nicht immer ist dies aber auch erwünscht. So können etwa Bezeichnungen oder Zahlen wie 1 000 000 Euro durch einen Zeilenumbruch getrennt werden. Um dies zu verhindern, verwenden Sie bei der Eingabe von Zahlen anstelle der Leerzeichen entweder den Punkt als Tausenderzeichen oder Sie fügen ein so genanntes geschütztes Leerzeichen ein. Dieses zeigt zwar ein Leerzeichen an, lässt aber keinen Zeilenumbruch an dieser Stelle zu. Auch bei einem Bindestrich kann ein automatischer Zeilenumbruch erfolgen, den Sie bei Namen oder Bezeichnungen durch Eingabe eines geschützten Bindestrichs verhindern können. Sind die Steuerzeichen eingeblendet, so sind diese Zeichen ebenfalls am Bildschirm sichtbar.

Zeichen	Tastenkombination	Anzeige
Geschütztes Leerzeichen	Strg + Umschalt + Leertaste	1°000°kg·
Geschützter Bindestrich	Strg + Umschalt + Bindestrich	E–Mail·

Seitenumbruch

Eine neue Druckseite
einfügen
Strg+Eingabe

Word erkennt auch automatisch das Ende einer Druckseite. Es erfolgt ein automatischer Seitenumbruch und eine neue Seite wird an das Dokument angefügt. Benötigen Sie einen Seitenumbruch an einer bestimmten Stelle, so fügen Sie im Dokument einen manuellen Seitenwechsel oder Seitenumbruch ein.

Register EINFÜGEN,
Gruppe SEITEN

Platzieren Sie den Cursor an der Stelle des Dokuments, an der Sie einen Seitenwechsel einfügen möchten und klicken Sie im Register EINFÜGEN, Gruppe SEITEN auf die Schaltfläche SEITENUMBRUCH oder verwenden die Tasten Strg + Eingabe. Ein Seitenumbruch wird immer links von der Cursorposition eingefügt und wird bei eingeblendeten Steuerzeichen am Bildschirm als gepunktete Linie dargestellt.

```
Busnetzwerke·sind·für·heutige·Netzwerke·nicht·mehr·zu·empfehlen,·da·sie·einige·schwerwiegende·
Nachteile·besitzen:↵
Je·mehr·Computer·sich·i°–n·einem·Netzwerk·befinden,·desto·langsamer·wird·das·gesamte·Netzwerk.↵
Ein·Kabelschaden·führt·zu·einem·Ausfall·des·gesamten·Netzwerks.↵
Es·können·maximal·30·Computer·an·ein·Netzwerk·angeschlossen·werden.¶
----------Seitenumbruch----------¶
```

Beispiel: Manueller Seitenumbruch

Im Gegensatz zum automatischen Seitenumbruch können Sie einen manuellen Seitenumbruch auch jederzeit wieder löschen: blenden Sie die Steuerzeichen ein, klicken Sie auf den Seitenumbruch und drücken Sie die Entf-Taste.

ALLE ANZEIGEN

Silbentrennung

Während der Eingabe erfolgt keine automatische Trennung von Wörtern. Verzichten Sie aber bei der Texteingabe in jedem Fall auf die Eingabe von Trennstrichen in Form eines normalen Bindestrichs. Bei späteren Änderungen am Textinhalt und damit verbundenen Änderungen des Zeilenumbruchs befinden sich sonst die Trennstriche mitten im Text. Sie können aber jederzeit eine nachträgliche Silbentrennung vornehmen. Klicken Sie dazu im Register SEITENLAYOUT, Gruppe SEITE EINRICHTEN auf die Schaltfläche SILBENTRENNUNG.

⚠ Verwenden Sie keinen Bindestrich als Trennstrich!

Manuelle Silbentrennung

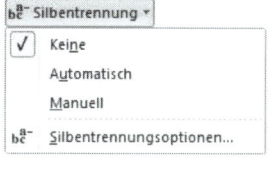

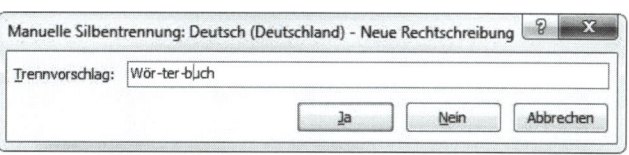

Silbentrennung   Manuelle Silbentrennung

Automatische Trennung
Wählen Sie die automatische Trennung, so führt Word im gesamten Text während der Eingabe und auch bei nachträglichen Änderungen automatisch eine Silbentrennung durch. In diesem Fall sollten Sie zuvor über die Silbentrennungsoptionen die maximale Zahl der aufeinanderfolgenden Trennstriche festlegen.

Manuelle Trennung
Bei manueller Trennung müssen Sie jeden Trennvorschlag bestätigen oder ändern. Word verwendet in diesem Fall bedingte Trennstriche, siehe unten.

Trennstriche eingeben
Wenn Sie während der Eingabe Trennstriche verwenden möchten, dann sollten Sie anstelle des normalen Bindestrichs den so genannten "bedingten Trennstrich" mit der Tastenkombination Strg + Bindestrich verwenden. Ein bedingter Trennstrich wird nur dann gedruckt, wenn er benötigt wird, also am Ende einer Zeile. Nur bei eingeblendeten Steuerzeichen erscheint dieser Trennstrich in der Bildschirmanzeige auch inmitten einer Zeile.

·er¬folgt·
Bedingte Trennstriche werden nur am Zeilenende gedruckt

Autokorrektur

Wenn während der Eingabe am Anfang eines neuen Satzes oder eines neuen Absatzes der erste Buchstabe eines versehentlich oder absichtlich klein geschriebenen Wortes automatisch in einen Großbuchstaben umgewandelt wird, dann liegt dies an der Autokorrektur von Word. Im Gegensatz zur Rechtschreibprüfung, die Fehler nur kennzeichnet, erfolgt durch die Autokorrektur bereits während der Eingabe eine Korrektur häufiger Rechtschreibfehler oder Buchstabendreher. So wandelt die Autokorrektur beispielsweise die Zeichenfolge "udn" in das Wort "und" um, nach der Eingabe von (c) erscheint das Copyright-Zeichen ©, usw.

Automatische Großschreibung am Satzanfang

Autokorrektur
rückgängig machen

Gleichzeitig erscheint ein Smarttag, der Ihnen anbietet, die eingegebene Zeichen-folge beizubehalten oder die soeben erfolgte Autokorrektur rückgängig zu ma-chen. Sie können aber auch die automatische Korrektur der eingegebenen Zeichenfolge dauerhaft deaktivieren.

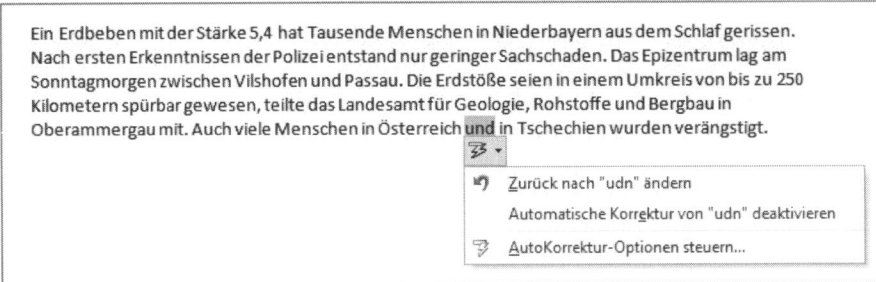

Beispiel: Autokorrektur

Großbuchstaben am
Satzanfang deaktivie-ren

Mit dem Befehl AUTOKORREKTUR-OPTIONEN STEUERN… öffnen Sie ein Dialogfenster, in dem Sie unter anderem festlegen können, ob Word jeden Absatz und jeden Satz nach einem Punkt automatisch mit einem Großbuchstaben beginnen soll. Dies gilt nicht für die gebräuchlichen Abkürzungen, die Sie unter der Schaltfläche AUSNAHMEN finden. Alternativ können Sie das Dialogfenster AUTOKORREKTUR auch über die Word-Optionen - DOKUMENTPRÜFUNG öffnen.

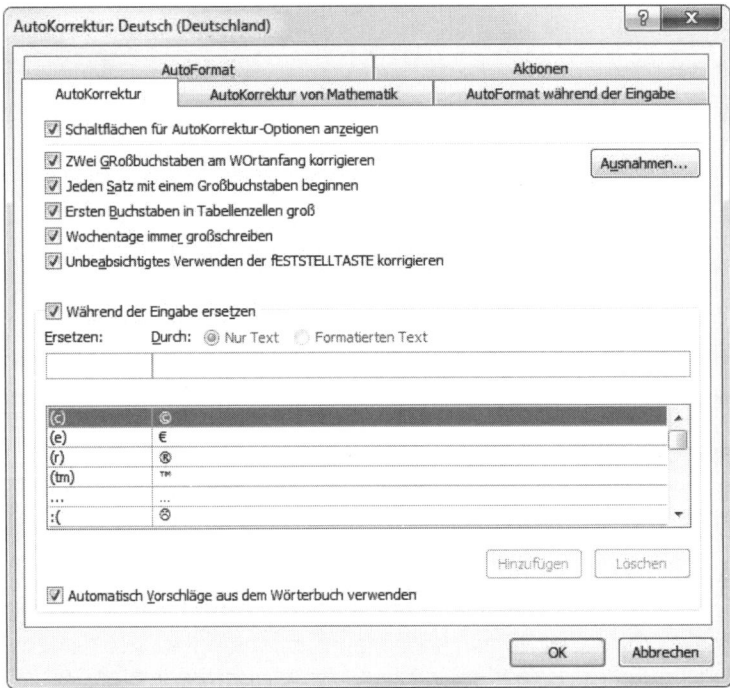

Unter WÄHREND DER EINGABE ERSETZEN finden Sie eine Liste aller Zeichenfolgen, die sofort nach der Eingabe automatisch korrigiert werden. Zu dieser Liste können Sie auch eigene Ersetzungen hinzufügen.

Autokorrektur ergänzen

Tipp: Sie können die Autokorrektur auch verwenden, um während der Eingabe bestimmte Kürzel durch vollständige, häufig benötigte Textfloskeln ersetzen zu lassen. Beispielsweise Ihre Initialen durch Ihren vollständigen Namen oder den Namen der Firma oder das Kürzel mfg durch die Grußformel "Mit freundlichen Grüßen". Geben Sie hierzu in das Feld ERSETZEN: "mfg" und in das Feld DURCH: "Mit freundlichen Grüßen" ein. Bestätigen Sie mit der Schaltfläche HINZUFÜGEN.

Hyperlinks
E-Mail-Adressen oder Adressen im Internet (Webadressen) werden unmittelbar nach der Eingabe automatisch in so genannte Hyperlinks umgewandelt. Hyper-

42

links, kurz auch als Links bezeichnet, sind Verknüpfungen zu Webseiten oder anderen Dokumenten und werden in Word standardmäßig mit blauer Schriftfarbe und unterstrichen gekennzeichnet. Wenn Sie mit der Maus auf einen Link zeigen, wird der Mauszeiger als Hand dargestellt und es erscheint ein kurzer Hinweistext. Klicken Sie bei gedrückter Strg-Taste auf den Link, so wird Ihr Standardbrowser geöffnet und die entsprechende Seite angezeigt. Bei E-Mail Adressen wird automatisch ihr E-Mail-Programm geöffnet und eine neue Nachricht an die angegebene Adresse erstellt.

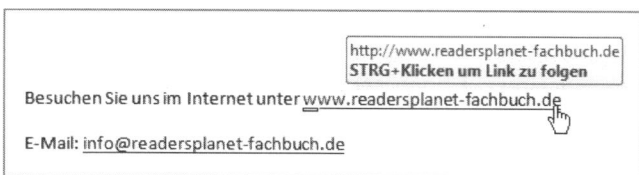

Beispiel: Hyperlinks

Um zu vermeiden, dass eine Adresse als Hyperlink angezeigt und später auch mit dieser Formatierung gedruckt wird, machen Sie diese automatische Umwandlung unmittelbar danach mit Hilfe des Smarttags rückgängig. Alternativ verwenden Sie den Befehl HYPERLINK ENTFERNEN im Kontextmenü der rechten Maustaste.

Hyperlink entfernen

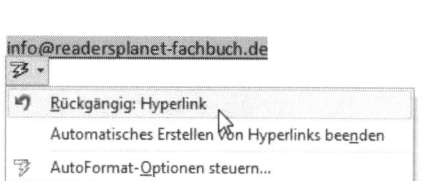

Smarttag

Kontextmenü der rechten Maustaste

3.7. Text verschieben oder kopieren

Eine wichtige Korrekturmöglichkeit ist das nachträgliche Kopieren oder Verschieben von Text an eine andere Stelle des Dokuments. Sie können den markierten Text entweder mit der Maus verschieben, dies wird auch als Drag & Drop bezeichnet (dt. ziehen und fallen lassen), oder dazu die Zwischenablage verwenden. In jedem Fall müssen Sie den betreffenden Text zuvor markieren.

Verwenden der Maus

Innerhalb eines Absatzes oder einer Bildschirmseite können Sie mit der Maus Texte einfach verschieben:

Text mit der Maus verschieben

1. Markieren Sie zuerst die Textstelle, die Sie verschieben möchten und lassen Sie die Maustaste danach wieder los.

2. Zeigen Sie mit der Maus auf die Markierung (der Mauszeiger erscheint als Pfeil), drücken Sie die linke Maustaste und halten Sie die Taste gedrückt, während Sie die Maus über den Text bewegen. Am Mauszeiger wird ein kleines Kästchen sichtbar, im Text wandert der Cursor als gepunktete Linie mit.

Markierten Text verschieben

3. Positionieren Sie den Cursor am Zielort im Text und lassen Sie die Maustaste wieder los. Nach dem Einfügen erfolgt in den meisten Fällen auch ein automatischer Ausgleich der Leerzeichen.

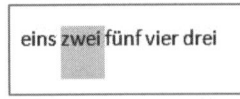

Haben Sie den markierten Text versehentlich an die falsche Stelle verschoben, so machen Sie diese Aktion einfach wieder rückgängig.

Text mit der Maus kopieren

Text kopieren

Kopieren bedeutet, der Text bleibt an der ursprünglichen Stelle erhalten. Auch dazu können Sie die Maus verwenden. Dabei gehen Sie wie beim Verschieben vor, müssen aber während des Ziehens gleichzeitig die Strg-Taste gedrückt halten. Am Mauszeiger erscheint dabei ein kleines Pluszeichen.

Die Zwischenablage

Register START, Gruppe ZWISCHENABLAGE

Das Drag & Drop-Verfahren mit der Maus eignet sich nicht, wenn Sie in umfangreichen Dokumenten über mehrere Seiten hinweg verschieben oder kopieren wollen. Dann benutzen Sie besser die Zwischenablage. Ein weiterer Vorteil der Zwischenablage: ausgeschnittener oder kopierter Text verbleibt solange in der Zwischenablage, bis Sie den nächsten Text ausschneiden oder kopieren und kann daher auch mehrmals eingefügt werden. Die Befehle oder Tastenkombinationen zur Verwendung der Zwischenablage sind Ihnen möglicherweise bereits von Windows her bekannt. Folgende Befehle, Symbole oder Tasten können Sie verwenden:

Tasten und Symbole zur Verwendung der Zwischenablage

Befehl	Tasten	Schaltfläche
Ausschneiden Schneidet den markierten Text in die Zwischenablage aus	Strg + X	✄ Ausschneiden
Kopieren Kopiert den markierten Text in die Zwischenablage	Strg + C	📋 Kopieren
Einfügen Fügt den zuletzt kopierten oder ausgeschnittenen Text aus der Zwischenablage an der Cursorposition wieder ein	Strg + V	📋 Einfügen

So gehen Sie vor:

1. Markieren Sie den Text, den Sie kopieren oder ausschneiden möchten.

2. Drücken Sie entweder eine der beiden Tastenkombinationen, Strg + C oder Strg + X, oder klicken Sie im Register START, Gruppe ZWISCHENABLAGE auf eines der Symbole.

3. Positionieren Sie im Text den Cursor an der Stelle, an der Sie den Text aus der Zwischenablage einfügen möchten. Drücken Sie dann entweder die Tastenkombination Strg + V oder klicken Sie in der Gruppe ZWISCHENABLAGE auf die Schaltfläche EINFÜGEN.

Siehe Lektion 4, Formatierung

Erweiterte Einfügen-Optionen

Sie können beim Einfügen steuern, ob auch Formatierungen wie Schriftgröße und -art aus der Quelle beibehalten werden sollen. Hierzu verwenden Sie entweder den Smarttag EINFÜGEN-OPTIONEN, der nach dem Einfügen an der Einfügestelle erscheint oder Sie klicken auf den Dropdown-Pfeil der Schaltfläche EINFÜGEN in der Gruppe ZWISCHENABLAGE. Folgende Möglichkeiten stehen zur Auswahl:

Befehl	Schaltfläche
Ursprüngliche Formatierung beibehalten Die Formatierung des eingefügten Textes wird aus der Quelle übernommen	
Formatierung zusammenführen Formatierungsmerkmale wie Fett, Kursiv und Unterstrichen werden aus der Quelle übernommen, nicht jedoch Schriftart und -größe .	
Nur den Text übernehmen Es werden keine Formatierungsmerkmale aus der Quelle übernommen.	A

Die Office-Zwischenablage

Mit der oben beschriebenen Methode können Sie immer nur das zuletzt ausgeschnittene oder kopierte Textelement wieder einfügen. Im Gegensatz dazu speichert die Office-Zwischenablage bis zu 24 Elemente. Häufig erscheint die Office-Zwischenablage automatisch, sobald Sie ein Element in die Zwischenablage ausschneiden oder kopieren.

Sollte dies nicht der Fall sein, so öffnen Sie die Office-Zwischenablage mit einem Mausklick auf das Pfeilsymbol der Gruppe ZWISCHENABLAGE im Register START.

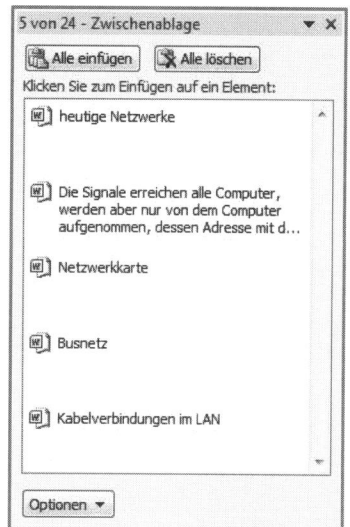

OFFICE-ZWISCHENABLAGE

Der Aufgabenbereich ZWISCHENABLAGE wird am linken Seitenrand eingeblendet. Wenn Sie Text kopieren bzw. ausschneiden, erscheint er als Element in der Zwischenablage.

Diese können nun mit einem Mausklick auch mehrfach und in beliebiger Reihenfolge an der Cursorposition eingefügt werden.

Daten zwischen Dokumenten austauschen

Die Zwischenablage kann auch verwendet werden, um Texte oder beliebige Elemente zwischen verschiedenen Dokumenten auszutauschen. Dies können nicht nur Texte aus Word-Dokumenten, sondern beliebige Elemente, wie beispielsweise Bilder, aus anderen Anwendungen sein. Die Office-Zwischenablage unterstützt ausschließlich den Datenaustausch zwischen Microsoft Office-Programmen, beispielsweise Microsoft Excel-Arbeitsmappen oder Microsoft PowerPoint-Präsentationen. Die normale Windows-Zwischenablage dagegen können Sie für nahezu alle Anwendungen einsetzen. In jedem Fall müssen beide Dokumente geöffnet sein. So gehen Sie dabei vor:

Daten zwischen verschiedenen Anwendungen austauschen

1. Markieren Sie den zu kopierenden Text und kopieren Sie den markierten Text in die Zwischenablage

2. Wechseln Sie über die Taskleiste in das Zieldokument.

3. Positionieren Sie den Cursor an der gewünschten Stelle und fügen Sie den Inhalt der Zwischenablage ein. Bei Verwendung der Office-Zwischenablage müssen Sie diese zuvor öffnen.

3.8.   Text suchen und ersetzen

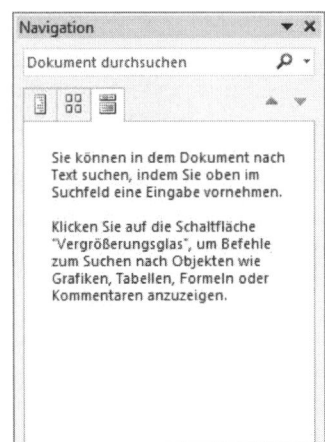

Register START, Gruppe BEARBEITEN

Mit den Befehlen SUCHEN und ERSETZEN können Sie im Dokument gezielt nach Begriffen suchen oder eine Zeichenfolge automatisch durch eine andere ersetzen. Word beginnt mit der Suche immer an der aktuellen Cursorposition und durchsucht das Dokument zunächst bis zum Ende, anschließend wird die Suche am Dokumentanfang fortgesetzt.

Suchen

Im Dokument nach Zeichenfolgen suchen lassen

Klicken Sie im Register START, Gruppe BEARBEITEN auf die Schaltfläche SUCHEN.

Am linken Rand wird die Leiste NAVIGATION eingeblendet. Geben Sie in das Feld DOKUMENT DURCHSUCHEN die gesuchte Zeichenfolge ein. Bereits während der Eingabe listet Word im Bereich darunter alle Treffer auf. Zusätzlich werden die Treffer im Dokument farblich hervorgehoben.

Mit Drücken der Eingabe-Taste gelangen Sie im Dokumentbereich zur ersten Fundstelle, durch erneutes Betätigen der Eingabe-Taste wird die nächste Fundstelle angezeigt. Sie können aber auch mit der Maus auf einen Treffer klicken, um im Dokumentbereich zur Fundstelle zu gelangen.

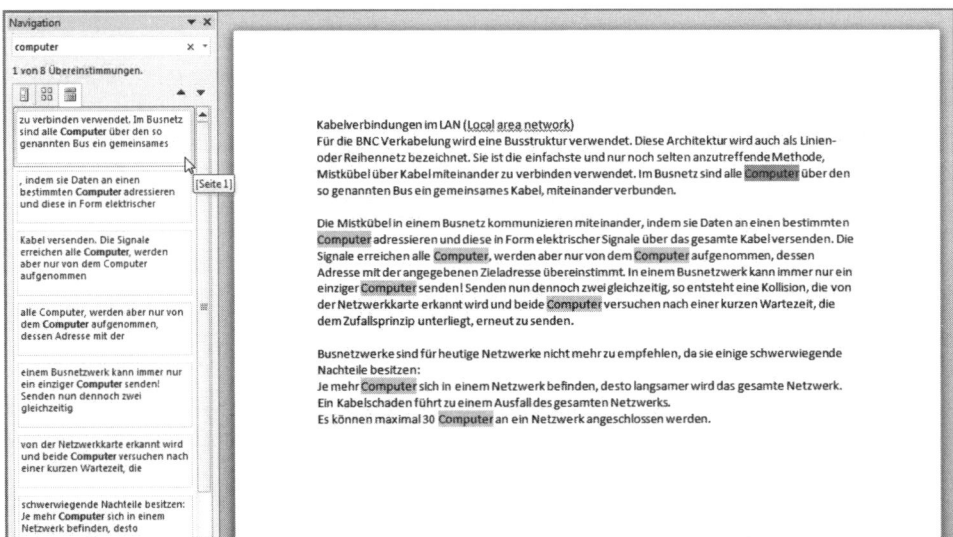

Beispiel: Suchergebnisse

Ersetzen

Zeichenfolgen automatisch ersetzen lassen

Sie können den gefundenen Text nicht nur markieren, sondern auch gleichzeitig ersetzen lassen. Dazu klicken Sie in der Gruppe BEARBEITEN auf die Schaltfläche ERSETZEN, das Fenster SUCHEN UND ERSETZEN wird geöffnet.

1. Geben Sie im Feld SUCHEN NACH den Begriff ein, der ersetzt werden soll, und im Feld ERSETZEN DURCH den Begriff, der diese Zeichenfolge ersetzen soll.

2. Klicken Sie nun auf die Schaltfläche WEITERSUCHEN, um der Reihe nach die Fundorte des zu ersetzenden Begriffs anzuzeigen. Mit der Schaltfläche ERSET-ZEN wird der gefundene und markierte Begriff ersetzt und der nächste Fundort des ursprünglichen Begriffs angezeigt.

Mit der Schaltfläche ALLE ERSETZEN werden alle übereinstimmenden Zeichenfolgen sofort und ohne weitere Rückfrage ersetzt.

Achtung: es erfolgt hierbei keine weitere Rückfrage!

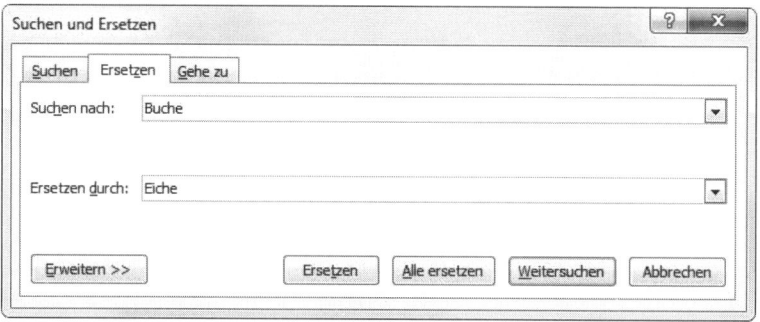

Erweiterte Suche

Um in langen Dokumenten Ihre Suchergebnisse zu verfeinern, kann es nützlich sein, die Suche einzuschränken. Beispielsweise würde im Text unten eine Suche nach dem Begriff "eiche" auch zahlreiche andere Wörter mit einbeziehen.

> **Die alte Eiche**
>
> Katharina Reichenbach streichelte nachdenklich das weiche Fell der Katze und blickte hinaus in den Garten. Dort hinten, in der Nähe der Fischteiche stand die alte Eiche, die nun der neuen Straße weichen sollte.

Beispiel: Suche nach „eiche"

Um die Suche einzugrenzen, klicken Sie in der Seitenleiste NAVIGATION auf den Dropdown-Pfeil neben dem Eingabefeld für den Suchbegriff und wählen OPTIONEN....

Geben Sie nun im sich öffnenden Dialogfenster SUCHOPTIONEN an, ob Sie beispielsweise GROß-/KLEINSCHREIBUNG BEACHTEN, nur ganze Wörter suchen oder auch ähnliche Schreibweisen in die Suche miteinbeziehen möchten.

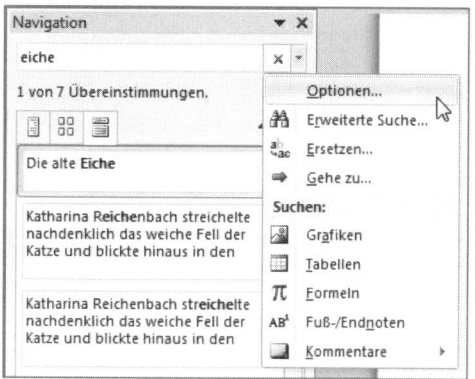

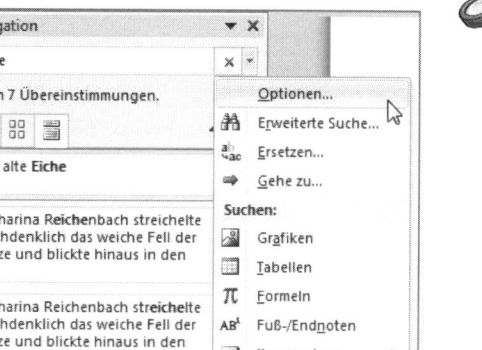

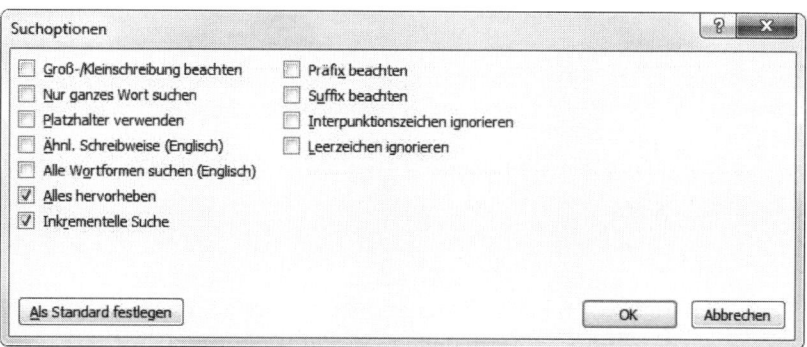

Siehe Lektion 4,
Formatierung

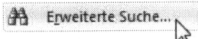

Um auch die Formatierung bei der Suche zu berücksichtigen, klicken Sie auf den DropDown-Pfeil neben dem SUCHBEGRIFF und auf ERWEITERTE SUCHE.... Klicken Sie im sich öffnenden Dialogfenster SUCHEN UND ERSETZEN auf die Schaltfläche ERWEITERN >> und anschließend auf FORMAT. Hier können sie beispielsweise angeben, nach welcher Schriftart oder -farbe gesucht werden soll. Die Schaltfläche SONDERFORMAT ermöglicht eine gezielte Suche nach nicht druckbaren Steuerzeichen, beispielsweise Absatzende.

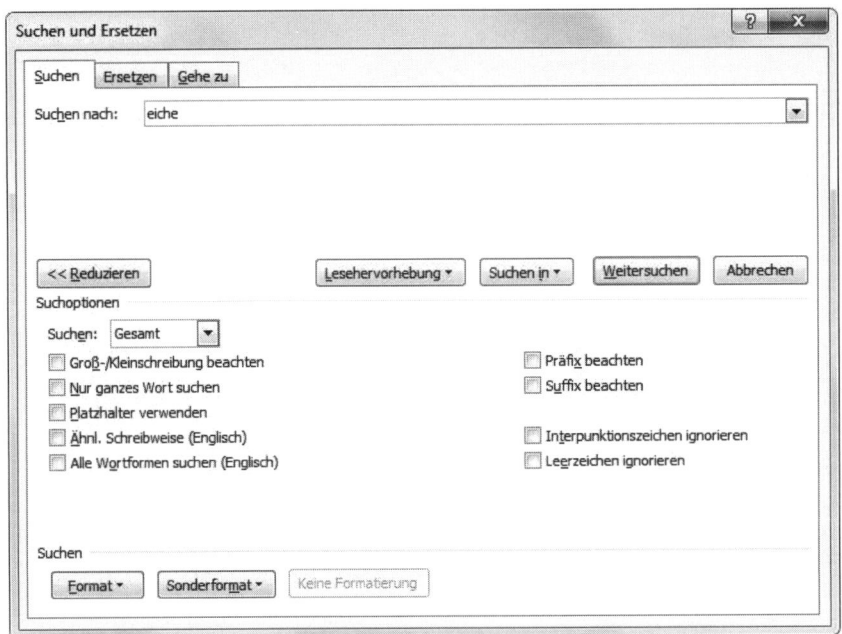

Die erweiterte Suche gilt natürlich auch für das Ersetzen von Zeichenfolgen. Klicken Sie dazu im Dialogfenster SUCHEN UND ERSETZEN auf die Schaltfläche ERWEITERN und aktivieren Sie ggf. das Kontrollkästchen NUR GANZES WORT suchen.

3.9. Zusammenfassung

- Im Gegensatz zur Schreibmaschine sind bei einer Textverarbeitung nachträgliche Korrekturen wie Löschen oder Einfügen jederzeit möglich. Standardmäßig arbeitet Word im Einfügemodus, bereits bestehender Text wird also nicht überschrieben, sondern wandert nach rechts. Mit der Korrekturtaste löschen Sie die Zeichen, die sich links vom Cursor befinden, die Entf-Taste löscht die Zeichen rechts vom Cursor. Eingabe und Korrektur erfolgen ausschließlich an der Cursorposition, Sie müssen also zuvor den Cursor mit der Maus oder der Tastatur an die gewünschte Stelle setzen. Längere Texte können Sie auch markieren und anschließend durch Tastatureingabe überschreiben.

- Bei aktivierter automatischer Rechtschreib- und Grammatikprüfung werden Fehler mit einer Wellenlinie hervorgehoben. Allerdings werden nicht alle Fehler gefunden, umgekehrt werden Namen und Adressen, sowie Fremdwörter häufig als Rechtschreibfehler gekennzeichnet. Sie sehen in der Statusleiste, welche Sprache Word für die Überprüfung verwendet. Im Gegensatz zur Rechtschreibprüfung korrigiert die Autokorrektur automatisch während der Eingabe. Sie können jedoch diese Änderungen rückgängig machen, bzw. die Autokorrektur deaktivieren.

- Während der Eingabe erfolgt am Ende einer Zeile ein automatischer Zeilenumbruch, Sie benötigen die Eingabe-Taste also nur, um einen Absatz zu beenden. Eine so genannte "weiche" Zeilenschaltung fügt dagegen einen Zeilenumbruch ein, ohne einen Absatz zu beenden. Zwischen zwei Wörtern können Sie einen Zeilenumbruch verhindern, indem Sie an dieser Stelle ein geschütztes Leerzeichen oder einen geschützten Bindestrich einfügen.

- Nicht druckbare Steuerzeichen lassen sich am Bildschirm einblenden. Dazu gehören Wortzwischenräume (Leerzeichen) und Absatzende. Diese Zeichen können wie normaler Text auch nachträglich eingefügt und wieder gelöscht werden.

- Während der Eingabe erfolgt keine automatische Trennung. Sie können entweder nachträglich die automatische oder manuelle Silbentrennung aktivieren oder während der Eingabe Trennstriche als bedingte Trennstriche einfügen.

- Mit Hilfe der Zwischenablage können Sie zuvor markierten Text entweder ausschneiden oder kopieren und an der Cursorposition wieder einfügen. Im Gegensatz zur normalen Windows-Zwischenablage speichert die Office-Zwischenablage bis zu 24 Elemente. Die Zwischenablage kann auch zum Datenaustausch zwischen mehreren Dokumenten bzw. verschiedenen Anwendungen verwendet werden. Mit gedrückter Maustaste kann Text ebenfalls verschoben oder kopiert werden, in diesem Fall wird die Zwischenablage nicht verwendet.

3.10. Übung

Starten Sie Microsoft Word mit einem neuen, leeren Dokument und speichern Sie das Dokument unter dem Namen Reiseangebot.

Geben Sie ab der ersten Zeile den nachfolgenden Text ein. Da Sie möglicherweise eine andere Schriftart oder Schriftgröße, oder auch andere Seitenränder verwenden, kann auf Ihrem Computer der automatische Zeilenumbruch an anderer Stelle erfolgen!

Hin & Weg Reisen
Schlossallee 100
55129 Mainz
info@hinundweg-irgendwo.com
www.hinundweg-irgendwo.com

Herrn Willi Wahllos
Akeleiweg 3a
50858 Köln

Sehr geehrte/(r) Kunde/in,
wie Sie als unser langjähriger Kunde wissen, sind wir stets auf der Suche nach attraktiven und günstigen Reisen für Sie. Wir freuen uns daher, Ihnen heute wieder unser aktuelles Angebot zu präsentieren:

9 Tage Mallorca, *** Hotel Finca del Toro, Übernachtung im Doppelzimmer mit Halbpension zum Sonderpreis von 299 € pro Person, inkl. Flug.

3 Tage London, **** Hotel Towerbrigde-Season, Übernachtung mit Vollpension zum Preis von 199 € pro Person, inkl. Flug ab Frankfurt oder München.

Beachten Sie bitte, dass dieses Angebot nur in der Zeit zwischen 1. Februar und 15. März des Jahres gilt.

Mit freundlichen Grüßen

Heinz Fröhlich – Ihr Reisespezialist

- Korrigieren Sie mit Hilfe der Rechtschreib- und Grammatikprüfung von Word eventuelle Fehler.
- Löschen Sie das Wort "langjähriger" aus dem Brieftext.
- Fügen Sie unterhalb der Anrede "Sehr geehrter..." eine Leerzeile ein.
- Bewegen Sie den Cursor hinter den Text "... attraktiven und günstigen Reisen für Sie". Löschen Sie das Wort "Sie" und fügen Sie dahinter den Text "unsere Stammkunden" ein.
- Korrigieren Sie den Preis der Mallorca-Reise: statt 299 Euro beträgt der Preis 320 Euro.
- Korrigieren Sie die Flughäfen:
  der Text soll nun lauten: „... inkl. Flug ab Düsseldorf, Berlin oder München."
- Verschieben Sie das Angebot „3 Tage London, ..." vor das Angebot „9 Tage Mallorca,..." und achten Sie darauf, dass Sie jeweils eine Leerzeile beibehalten.
- Fügen Sie am Anfang des Dokuments, oberhalb der ersten Zeile nachträglich eine weitere Zeile ein und geben Sie hier folgenden Text ein: - IHRE REISE-SPEZIALISTEN -

Bemerkungen:

_____

_____

_____

_____

_____

_____

_____

_____

4. Text formatieren

- Zeichen- und Absatzformate
- Listen mit Aufzählungszeichen und automatischer Nummerierung
- Rahmenlinien und Schattierung

- Die Arbeitsumgebung von Word
- Text eingeben und korrigieren

Die vielfältigen optischen Gestaltungsmöglichkeiten von Text bezeichnet man als Formatierung. Word unterscheidet dabei zwischen verschiedenen Typen der Formatierung:

- Zeichenformate legen die Darstellung einzelner Zeichen oder Zeichenfolgen fest. Dazu gehören beispielsweise Schriftart und -farbe.

- Absatzformate definieren das Aussehen des gesamten Absatzes bis zur nächsten Absatzendemarke. Zu den Absatzformaten zählen beispielsweise die Abstände zwischen den Zeilen.

- Andere Einstellungen beziehen sich auf das gesamte Dokument oder einen Abschnitt, dazu zählen Seitenränder oder Papierformat. Diese so genannten Abschnittformate finden Sie in der nächsten Lektion.

siehe Lektion 5.3, Abschnitte

4.1. Grundlagen

Vorgehensweise

Beim Formatieren von Text sollten Sie einige Grundregeln beachten, damit Sie unnötige Arbeitsschritte vermeiden:

Legen Sie zuerst das Aussehen des gesamten Dokuments fest.

1. Geben Sie zuerst den Text ein und nehmen Sie die erforderlichen inhaltlichen Korrekturen vor.

2. Dann formatieren Sie den Text: legen Sie zuerst das allgemeine Aussehen fest, beispielsweise die Schriftart und Schriftgröße für den gesamten Text.

3. Danach nehmen Sie alle abweichenden Formatierungen vor, beispielsweise einzelne Wörter fett hervorheben, unterstreichen oder Absätze einrücken.

Wenn Sie im Text nachträglich weitere Zeichen einfügen, so erhalten diese automatisch die Formatierung, die an dieser Stelle bereits vorhanden ist. Wenn Sie beispielsweise in einen unterstrichenen Satz weitere Wörter einfügen, dann werden diese ebenfalls automatisch unterstrichen.

Durch Drücken der Eingabe-Taste beenden Sie einen Absatz und übernehmen die gesamte Formatierung in den nächsten Absatz. Haben Sie etwa während der Eingabe einen Absatz zentriert, also in der Mitte der Seite ausgerichtet, so wird nach Beenden dieses Absatzes der nachfolgende Absatz ebenfalls zentriert.

Absatzformate werden bei der Eingabe in den nächsten Absatz übernommen

Textbereich auswählen

Bevor Sie eine Formatierung zuweisen, müssen Sie den Textbereich festlegen:

Zeichenformate: Markierung

- Bei allen Zeichenformaten müssen Sie den gesamten, zu formatierenden Textbereich markieren. Ausnahme: wenn Sie lediglich ein einzelnes Wort formatieren, dann genügt es wenn sich der Cursor innerhalb des Wortes befindet.

Absatzformate: aktueller Absatz

- Absatzformate beziehen sich immer auf den gesamten Absatz. Um einen einzelnen Absatz zu formatieren, genügt es daher, wenn sich der Cursor innerhalb des Absatzes befindet. Möchten Sie gleich mehreren Absätzen das gleiche Format zuweisen, so markieren Sie die Absätze.

4.2. Zeichenformate

Gruppe SCHRIFTART oder Minisymbolleiste

Die Zeichenformate finden Sie im Register START, Gruppe SCHRIFTART. Die wichtigsten Symbole erscheinen auch in Form einer Minisymbolleiste im Text, wenn Sie einen Textbereich markiert haben.

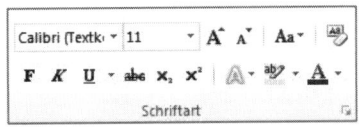

Register Start, Gruppe Schriftart

Erdbeben erschüttert Niederbayern

Minisymbolleiste im Text

Schriftart, Schriftgröße und Schriftschnitt

Schriftart

Schriftart und Schriftgröße (Schriftgrad) gehören zu den wichtigsten Zeichenformaten. Ihr Computer verfügt über eine umfangreiche Auswahl an integrierten Schriftarten, die auch von Word verwendet werden. Im Gegensatz zu einer Schreibmaschine, bei der alle Zeichen die gleiche Breite haben, sind die meisten dieser Schriftarten so genannte Proportionalschriften. Dies bedeutet, die einzelnen Zeichen haben unterschiedliche Zeichenbreiten, der Buchstabe m ist beispielsweise breiter als der Buchstabe i. Daher kann sich bei Änderung der Schriftart auch der automatische Zeilenumbruch ändern. Man unterscheidet bei den Schriftarten auch noch zwischen Serifenschriften und serifenlosen Schriften. Serifen sind die geschwungenen Enden der Zeichen. Zu den Schriftarten von Word gehören auch einige Symbolschriften die anstelle von Buchstaben grafische Zeichen darstellen.

Proportionalschrift: jedes Zeichen beansprucht nur die tatsächliche Breite

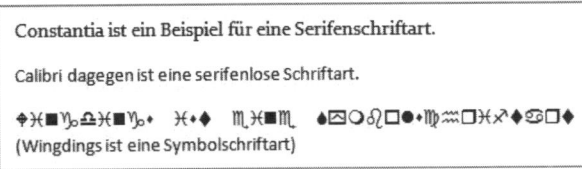

Constantia ist ein Beispiel für eine Serifenschriftart.

Calibri dagegen ist eine serifenlose Schriftart.

✧✌■Ɣₒ⚹✌■Ɣₒ✦ ✌✦✦ ⅁✌■⅁ ✦⌧⚺Ʊ◻●✦Ɱ∰⌧✗✦⚿◻✦
(Wingdings ist eine Symbolschriftart)

Beispiele: Schriftarten

Zum Ändern der Schriftart markieren Sie den betreffenden Text und klicken entweder in der Gruppe SCHRIFTART im Register START oder in der Minisymbolleiste auf den Auswahlpfeil des Listenfeldes SCHRIFTART und wählen die gewünschte Schrift aus.

Tipp: Um schnell eine bestimmte Schriftart, beispielsweise Times New Roman zu finden, geben Sie einfach den Anfangsbuchstaben der Schriftart direkt in das Feld ein und klicken anschließend auf den Auswahlpfeil.

Die Symbole links neben den Namen der Schriftarten geben an, ob es sich um so genannte OpenType- (erkennbar am Buchstaben O) bzw. TrueType- (doppeltes T) Schriftarten handelt. OpenType-Schriftarten bieten einige erweiterte Möglichkeiten der Schriftgestaltung, siehe weiter unten.

Schriftgröße

Daneben finden Sie das Listenfeld SCHRIFTGRÖßE. Schriftgrößen werden in dem typografischen Maß Punkt (pt) angegeben, ein Punkt entspricht etwa 0,35 mm. Die normale Schriftgröße, etwa für Briefe, liegt, abhängig von der jeweiligen Schriftart, meist zwischen 8 und 12 Punkt. Steht die gewünschte Schriftgröße, beispielsweise 6 pt nicht in der Liste zur Auswahl, so klicken Sie direkt in das Feld und geben die Schriftgröße über die Tastatur ein. Bestätigen Sie anschließend mit der Eingabe-Taste.

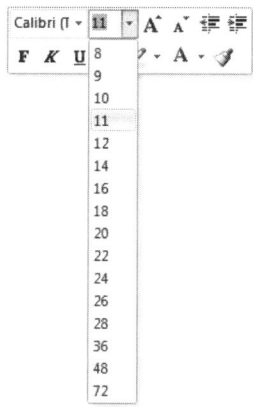

Auch mit den beiden Schaltflächen SCHRIFTART VERGRÖßERN/ VERKLEINERN lässt sich die Schriftgröße schnell ändern: mit jedem Mausklick auf die Schaltflächen vergrößern, bzw. verkleinern Sie die Schrift um jeweils 1 Stufe.

SCHRIFTART
VERGRÖßERN/
VERKLEINERN

Schriftschnitt

Als Schriftschnitt bezeichnet man Schriftattribute wie Fett, Kursiv und Unterstrichen. Die Symbole dazu finden Sie entweder in der Gruppe SCHRIFTART oder in der Minisymbolleiste. Diese Symbole besitzen Umschaltfunktion, d.h. mit einem Mausklick auf ein Symbol formatieren Sie den markierten Text beispielsweise unterstrichen, mit einem weiteren Mausklick entfernen Sie die Unterstreichung wieder vom markierten Text. Sie können auch verschiedene Attribute kombinieren, beispielsweise kann ein Wort gleichzeitig unterstrichen und fett sein.

Fett, Kursiv und
Unterstrichen

Format	Symbol	Beispiel
Fett	F	**Dieser Satz ist fett geschrieben.**
Kursiv	K	*Dieser Satz ist kursiv geschrieben.*
Unterstrichen	U	Dieser Satz ist unterstrichen.

Weitere Möglichkeiten, Text zu unterstreichen, finden Sie über den DropDown-Pfeil der Schaltfläche UNTERSTRICHEN. Sie können unter verschiedenen Linienarten wählen und bei Bedarf auch noch die Linienfarbe ändern.

TEXTHERVORHEBUNGS-
FARBE/ SCHRIFTFARBE

Farben verwenden

Für Farbeffekte stehen zwei Möglichkeiten zur Verfügung: mit einem Mausklick auf den Auswahlpfeil der Schaltfläche SCHRIFTFARBE weisen Sie dem markierten Text eine andere Schriftfarbe zu. Automatisch bedeutet, dass die Standardtextfarbe von Windows (meistens schwarz) verwendet wird.

Siehe Lektion 4.6,
Schnelle Formatierung
mit Designs

Die hier angebotenen Farben, die so genannten Designfarben, hängen vom gewählten Design ab. Wie Sie das Design und die Designfarben ändern, erfahren Sie in Kapitel 4.6.

Text am Bildschirm
hervorheben

Mit der Schaltfläche TEXTHERVORHEBUNGSFARBE können Sie den Hintergrund bestimmter Textteile farblich hervorheben. Dies eignet sich vor allem dazu, Textteile auf dem Bildschirm farblich zu kennzeichnen, vergleichbar einem Textmarker. Sobald Sie eine Farbe gewählt haben, erscheint zusammen mit dem Mauszeiger ein Stift und Sie können durch Markieren Zeichen hervorheben. Mit einem weiteren Mausklick auf die Schaltfläche beenden Sie den Hervorhebemodus wieder.

Achtung: verwechseln Sie Texthervorhebungsfarbe nicht mit Schattierungen oder Hintergrundfarben!

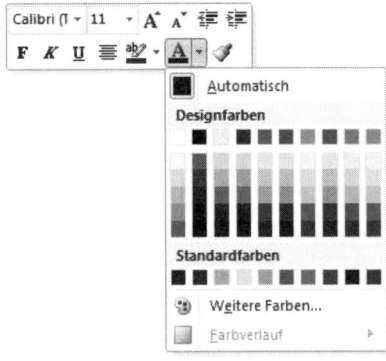

Schriftfarbe

Texthervorhebungsfarbe

Erweiterte Textgestaltung

DURCHSTREICHEN

HOCH- UND TIEFSTELLEN

Die Gruppe SCHRIFTART bietet noch weitere Möglichkeiten, Text zu formatieren. So können Sie Text durchstreichen, hoch-, bzw. tiefstellen, zwischen verschiedenen Formaten zur Groß- und Kleinschreibung umschalten sowie den Text mit verschiedenen Texteffekten versehen.

GROß- UND
KLEINSCHREIBUNG

TEXTEFFEKTE

Mit einem Mausklick auf das Symbol TEXTEFFEKTE erhalten Sie vielfältige Möglichkeiten, den markierten Text mit Effekten zu versehen. Sie können aus einer Liste an vorgefertigten Effekten wählen oder über die Menüpunkte KONTUR, SCHATTEN, SPIEGELUNG und LEUCHTEN individuelle Effekte hinzufügen.

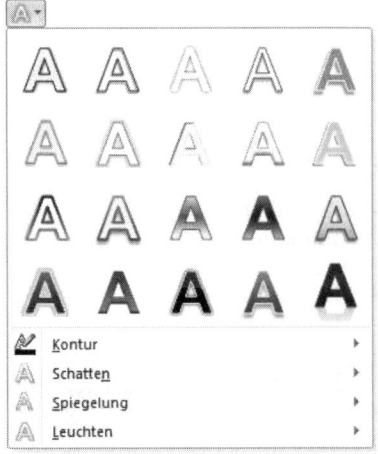

Seien Sie sparsam mit Effekten. Zu viele Effekte wirken verspielt und lenken vom eigentlichen Inhalt ab!

Weitere Möglichkeiten der Textgestaltung bietet das Dialogfenster SCHRIFTART. Sie öffnen es über einen Mausklick auf das Pfeilsymbol der Gruppe SCHRIFTART im Register START.

Dialogfenster SCHRIFT-ART öffnen

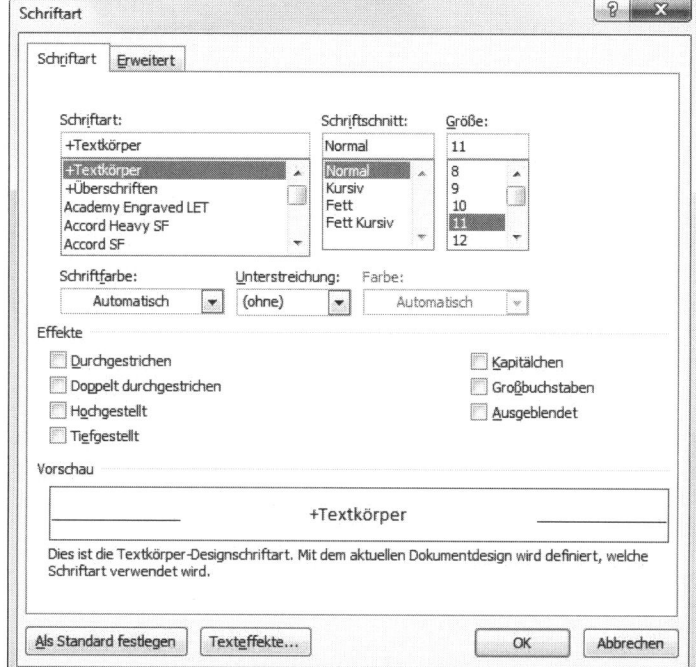

Hier finden Sie nicht nur eine Zusammenfassung aller bereits beschriebenen Zeichenformate, Sie haben noch zusätzlich die Möglichkeit, Text DOPPELT DURCHGESTRICHEN bzw. in KAPITÄLCHEN darstellen zu lassen. Ausgeblendeter Text erscheint nicht auf dem Ausdruck und ist auch auf dem Bildschirm nur zusammen mit den eingeblendeten, nicht druckbaren Steuerzeichen sichtbar.

Kapitälchen

Zeichenabstand

Im Register ERWEITERT des Dialogfensters SCHRIFTART können Sie im Bereich ZEICHENABSTAND den Abstand zwischen den Zeichen steuern. Wählen Sie dazu im Dropdown-Menü zwischen ERWEITERT und SCHMAL und geben Sie im Feld rechts den Abstand in Punkt an.

Eine weitere Option stellt die Skalierung dar: damit können Sie die Zeichen horizontal um einen bestimmten Prozentsatz strecken oder komprimieren.

Den Abstand zwischen den Zeichen ändern

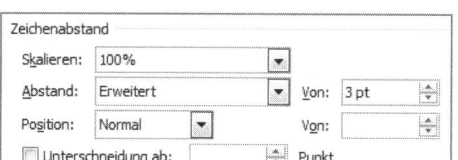

OpenType-Features

Bei Verwendung einer OpenType-Schriftart können Sie im Register ERWEITERT des Dialogfensters SCHRIFTART im Bereich OPENTYPE-FEATURES das Schriftbild Ihren Wünschen gemäß anpassen:

- Ligaturen sind Verbindungen von mindestens zwei Buchstaben zu einer Einheit

tt
Ligatur

- Zahlenabstand regelt die Breite einzelner Ziffern, so haben mit der Auswahl TABELLARISCH alle Zahlenzeichen die gleiche Breite

- Stil-Sets sind vom Schriftartdesigner vorgegebene Variationen einer Schriftart

Register EINFÜGEN,
Gruppe SYMBOLE

Symbolschriften verwenden

Zum Einfügen eines Symbols aus einer der Symbolschriften verwenden Sie das Register EINFÜGEN, Gruppe SYMBOLE. Klicken Sie auf die Schaltfläche SYMBOL und wählen Sie eines der Symbole oder öffnen Sie mit dem Befehl WEITERE SYMBOLE... das Dialogfenster SYMBOL. Wählen Sie im Listenfeld zunächst die gewünschte Schriftart, beispielsweise Wingdings, markieren Sie ein Symbol und klicken Sie anschließend auf die Schaltfläche EINFÜGEN.

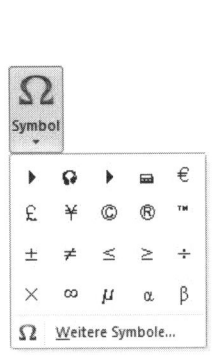

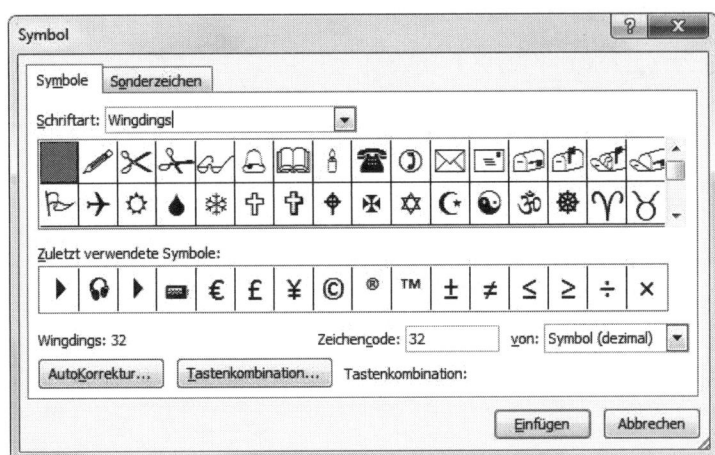

4.3. Absatzformate

Was ist ein Absatz?

Absatzendemarke

Einen Absatz beenden Sie während der Texteingabe durch Drücken der Eingabe-Taste. Am Bildschirm wird die Absatzendemarke mit einem nicht druckbaren Steuerzeichen dargestellt. Da sich Absatzformate immer auf den gesamten Absatz beziehen, genügt es zur Formatierung, wenn sich der Cursor an beliebiger Stelle innerhalb des Absatzes befindet. Durch Drücken der Eingabetaste beenden Sie nicht nur einen Absatz, sondern übernehmen auch die Formatierung dieses Absatzes in den nächsten Absatz.

> Beim Löschen der Absatzendemarke wird der Absatz mit dem nachfolgenden verbunden. Dabei gehen die Absatzformate des folgenden Absatzes verloren!

Ausrichtung

Das Standardabsatzformat eines Dokuments beinhaltet linksbündige Ausrichtung, die Zeilen schließen bündig mit dem linken Seitenrand ab. Mit den folgenden Schaltflächen der Gruppe ABSATZ im Register START steuern Sie die Ausrichtung eines Absatzes zwischen den linken und dem rechten Seitenrand.

Ausrichtung	Symbol	Beispiel
Linksbündig	▤	Dieser Absatz ist linksbündig ausgerichtet.
Zentriert	▤	Dieser Absatz ist zentriert.
Rechtsbündig	▤	Dieser Absatz ist rechtsbündig ausgerichtet.
Blocksatz	▤	Text im Blocksatz schließt bündig sowohl mit dem linken, als auch mit dem rechten Seitenrand ab. Dabei werden die Wortzwischenräume automatisch angepasst.

Einzüge

Als Einzug bezeichnet man den Abstand eines Absatzes zum linken oder rechten Seitenrand. Den linken Einzug ändern Sie schnell mit den beiden Schaltflächen im Register START, Gruppe ABSATZ. EINZUG VERGRÖßERN rückt einen Absatz mit jedem Mausklick um jeweils 1,25 cm ein, entsprechend verkleinert die Schaltfläche EINZUG VERKLEINERN den Abstand zum Seitenrand wieder. Um beispielsweise den aktuellen Absatz um 2,5 cm einzurücken, klicken Sie zweimal auf die Schaltfläche EINZUG VERGRÖßERN.

EINZUG VERKLEINERN/ VERGRÖßERN

Manuelle Einzüge von links und von rechts können Sie auch im Register SEITEN- LAYOUT, Gruppe ABSATZ vornehmen. Geben Sie entweder das Maß ein oder klicken Sie mehrmals auf die kleinen Pfeil-Schaltflächen.

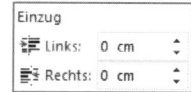

Weitere Einzüge

Weitere Arten von Einzügen finden Sie im Dialogfenster ABSATZ, das Sie mit einem Mausklick auf Pfeilsymbol der Gruppe ABSATZ öffnen.

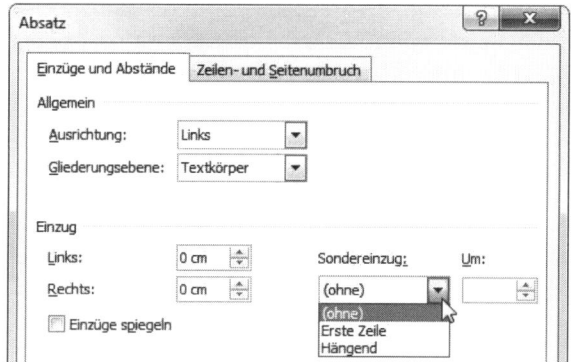

Das Dialogfenster ABSATZ öffnen

Negativer Einzug

Neben dem linken Einzug können Sie hier ebenfalls einen rechten Einzug festlegen sowie ein beliebiges Maß verwenden. Auch ein negativer Einzug ist möglich. Wenn Sie beispielsweise einen linken Einzug von -2 cm festlegen ragt der Absatz um 2 cm in den Seitenrand hinein.

Sondereinzüge steuern den Einzug der ersten Zeile gegenüber den restlichen Zeilen des Absatzes. Erstzeileneinzug bedeutet, die erste Zeile wird gegenüber den übrigen Zeilen eines Absatzes eingerückt. Ein hängender Einzug rückt dagegen die restlichen Zeilen eines Absatzes ein, die erste Zeile beginnt am Seitenrand.

Tipp: Einzüge können Sie auch über das Lineal kontrollieren, bzw. verändern. Sollte das Lineal nicht sichtbar sein, dann blenden Sie es über das Register AN- SICHT, Gruppe ANZEIGEN ein. Zum Ändern der Einzüge verschieben Sie im Lineal mit gedrückter linker Maustaste die entsprechenden Markierungen.

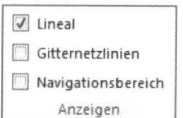

Register ANSICHT, Gruppe ANZEIGEN

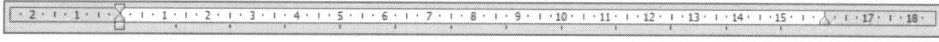

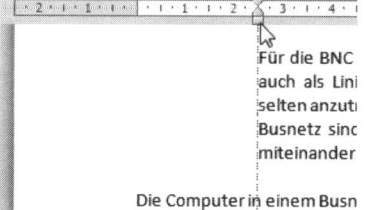

Linker Einzug

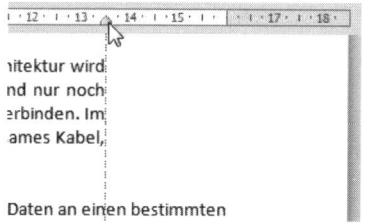

Rechter Einzug

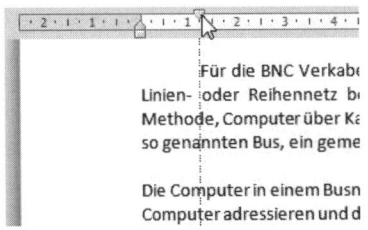

Erstzeileneinzug

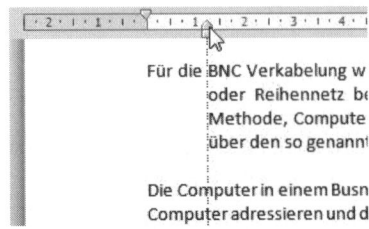

Hängender Einzug

Beachten Sie, dass sich Änderungen über das Lineal ebenfalls nur auf den aktuellen Absatz, bzw. die markierten Absätze beziehen!

Abstände

Standardformat mit Abständen

KEIN LEERRAUM

Word unterscheidet zwischen Zeilen- und Absatzabständen. Während der Eingabe haben Sie möglicherweise festgestellt, dass nach dem Beenden eines Absatzes mit der Eingabe-Taste automatisch ein größerer Abstand eingefügt wird. Dann verwenden Sie eine Standardformatierung mit Leerräumen. Um einem Absatz eine Formatierung ohne Abstände zuzuweisen, klicken Sie auf das Register START und in der Gruppe FORMATVORLAGEN auf die Schaltfläche KEIN LEERRAUM.

Formatvorlage	Symbol	Bedeutung
Standard	AaBbCcDc ¶ Standard	Die Standardformatierung beinhaltet Zeilenabstände und Leerraum zwischen den Absätzen
Kein Leerraum	AaBbCcDc ¶ Kein Lee...	Einfacher Zeilenabstand und keine Abstände zwischen den Absätzen

Zeilenabstand

ZEILENABSTAND

Der Zeilenabstand legt den Abstand zwischen den Zeilen eines Absatzes fest und kann über die Schaltfläche ZEILENABSTAND der Gruppe ABSATZ geändert werden. Standardmäßig orientiert sich der Zeilenabstand an der verwendeten Schriftgröße. Das Listenfeld enthält eine Auswahl an mehrfachen Abständen, der Wert 2 bedeutet beispielsweise einen doppelten Zeilenabstand. Weitere Möglichkeiten finden Sie über die ZEILENABSTANDSOPTIONEN....

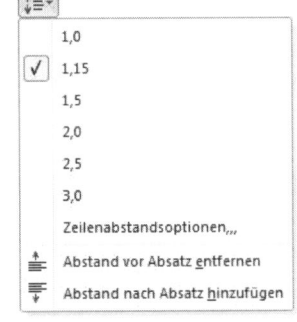

Die Einstellung MINDESTENS gibt ein Mindestmaß an, das nicht unterschritten werden darf, GENAU gibt einen exakten Wert vor.

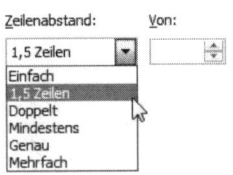

Absatzabstand

Abstand zum nachfolgenden bzw. vorherigen Absatz

Absatzabstände legen einen festen Abstand zum vorhergehenden und/ oder nächsten Absatz fest. Klicken Sie dazu auf die Schaltfläche ZEILENABSTAND in der Gruppe ABSATZ und wählen Sie ABSTAND VOR oder ABSTAND NACH ABSATZ HINZUFÜGEN, bzw. ENTFERNEN. Exakte Abstände können Sie im Dialogfenster ABSATZ unter ABSTAND definieren. Verwenden Sie die Pfeile oder geben Sie den Wert direkt ein.

Auch der Absatzabstand wird, wie die Schriftgröße, in Punkt angegeben. Bei einer Schriftgröße von 10 pt und einem Zeilenabstand von 12 pt entspricht ein Abstand von 6 pt einer halben Zeile. Benötigen Sie einen Abstand in cm, so müssen Sie zusätzlich noch die verwendete Maßeinheit mit eingeben, beispielsweise 0,8 cm.

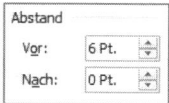

Absatzabstand

4.4. Nummerierung und Aufzählungen

Absätze lassen sich mit Hilfe von Formatierungen schnell mit einer fortlaufenden automatischen Nummerierung oder mit Aufzählungszeichen versehen. Mehrere aufeinanderfolgende nummerierte Absätze bezeichnet Word auch als Liste. Beim nachträglichen Löschen oder Verschieben von nummerierten Absätzen wird die fortlaufende Nummerierung automatisch angepasst.

Aufzählungen

Mit einem Mausklick auf die Schaltfläche AUFZÄHLUNGSZEICHEN versehen Sie den aktuellen Absatz, bzw. die markierten Absätze, mit einem Aufzählungszeichen, standardmäßig ist dies ein Punkt. Gleichzeitig erhalten die Absätze einen linken Einzug, werden also gegenüber dem linken Seitenrand eingerückt.

AUFZÄHLUNGSZEICHEN

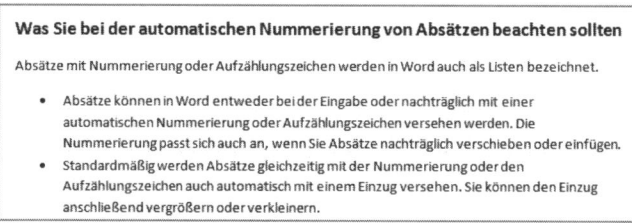

Was Sie bei der automatischen Nummerierung von Absätzen beachten sollten

Absätze mit Nummerierung oder Aufzählungszeichen werden in Word auch als Listen bezeichnet.

- Absätze können in Word entweder bei der Eingabe oder nachträglich mit einer automatischen Nummerierung oder Aufzählungszeichen versehen werden. Die Nummerierung passt sich auch an, wenn Sie Absätze nachträglich verschieben oder einfügen.
- Standardmäßig werden Absätze gleichzeitig mit der Nummerierung oder den Aufzählungszeichen auch automatisch mit einem Einzug versehen. Sie können den Einzug anschließend vergrößern oder verkleinern.

Beispiel: Aufzählungen

Anderes Symbol wählen

Eine Auswahl von verschiedenen Aufzählungszeichen erscheint, wenn Sie auf den DropDown-Pfeil der Schaltfläche AUFZÄHLUNGSZEICHEN klicken. Markieren Sie das gewünschte Symbol aus der Aufzählungszeichenbibliothek oder öffnen Sie mit einem Mausklick auf den Befehl NEUES AUFZÄHLUNGSZEICHEN DEFINIEREN… ein Dialogfenster, um ein anderes Symbol zu wählen.

- Mit der Schaltfläche SYMBOL öffnen Sie das Dialogfeld SYMBOL und können ein Zeichen aus einer der Symbolschriftarten von Windows auswählen. Über die Schaltfläche SCHRIFTART legen Sie anschließend bei Bedarf auch noch Farbe und Größe des Symbols fest.

Siehe Lektion 4.2, Symbolschriftarten verwenden

- Mit der Schaltfläche BILD erscheint eine Auswahl an kleinen Grafiken (Clip-Arts), die ebenfalls als Aufzählungszeichen verwendet werden können.

Siehe Lektion 7.1, ClipArt

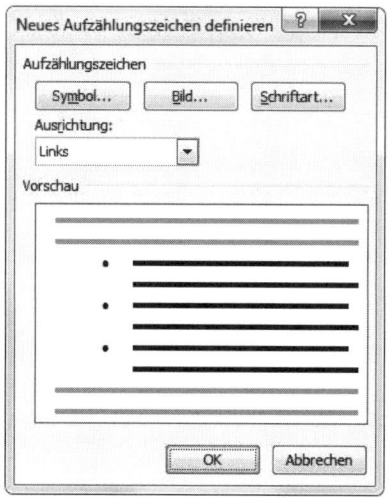

Einzug verkleinern/
vergrößern

Einzug entfernen

Wenn Sie keinen Einzug für die Absätze wünschen, dann entfernen Sie den linken Einzug für die markierten Absätze mit der Schaltfläche Einzug verkleinern. Die Aufzählungszeichen bleiben erhalten. Genauso können Sie den linken Einzug natürlich auch vergrößern.

Aufzählungszeichen entfernen

Um Aufzählungszeichen wieder von den markierten Absätzen zu entfernen, klicken Sie einfach erneut auf die Schaltfläche Aufzählungszeichen.

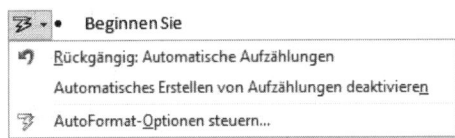
2x Eingabe-Taste
beendet die Aufzählung
wieder

Automatische Aufzählung während der Eingabe

Beginnen Sie einen Absatz mit einem beliebigen Symbol oder einer Grafik, beispielsweise Bindestrich oder Stern, gefolgt von einem Leerzeichen oder Tabulatorzeichen, so interpretiert Word dieses Symbol automatisch als Aufzählungszeichen und der Absatz wird eingerückt. Über den dazugehörigen Smarttag können Sie bei Bedarf die automatische Aufzählung wieder rückgängig machen oder deaktivieren. Wenn Sie den Absatz mit der Eingabetaste beenden, dann übernehmen Sie die Formatierung und damit auch das Aufzählungszeichen für den nächsten Absatz. Betätigen Sie zweimal die Eingabetaste (Leerzeile), um die Liste wieder zu beenden oder deaktivieren Sie die Aufzählung mit einem Mausklick auf die Schaltfläche Aufzählungszeichen.

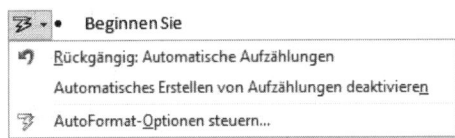

Smarttag Automatische Aufzählungen

Nummerierung

Nummerierung

Um Absätze nachträglich mit einer fortlaufenden Nummerierung zu versehen, markieren Sie die Absätze und klicken auf die Schaltfläche Nummerierung im Register Start, Gruppe Absatz. Der Auswahlpfeil der Schaltfläche Nummerierung öffnet die Nummerierungsbibliothek mit verschiedenen Möglichkeiten.

Mit dem Befehl Neues Zahlenformat definieren... öffnen Sie ein Dialogfenster, in dem Sie die automatische Nummerierung individuell anpassen, und mit zusätzlichen Zeichen, beispielsweise Klammern oder Paragrafzeichen, versehen können.

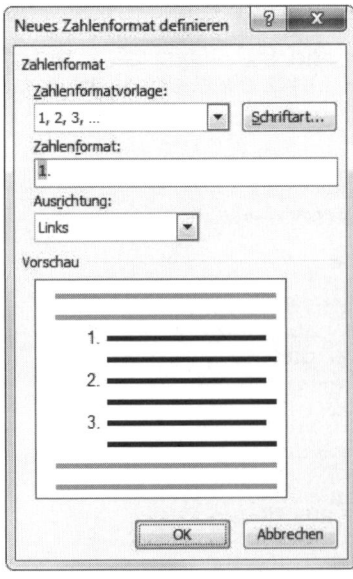

So gehen Sie vor, wenn Sie ein neues Format für die Nummerierung definieren möchten:

Individuelle Nummerierung

1. Wählen Sie zuerst im Listenfeld ZAHLENFORMAT-VORLAGE die Zahlendarstellung.

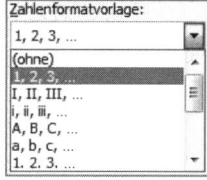

2. Anschließend erscheint im Feld ZAHLENFORMAT die gewählte Zahlendarstellung und Sie können weitere Zeichen, wie Punkt, Klammern oder Pluszeichen, hinzufügen.

Nummerierung entfernen

Um die automatische Nummerierung wieder von den markierten Absätzen zu entfernen, klicken Sie erneut auf die Schaltfläche NUMMERIERUNG. Sie können damit auch innerhalb einer fortlaufend nummerierten Liste einzelne Absätze aus der Nummerierung herausnehmen.

NUMMERIERUNG

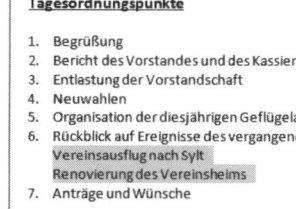

Beispiel: Nummerierte Absätze

Um für nicht nummerierte Absätze den Einzug anzupassen, verwenden Sie die Schaltflächen EINZUG VERKLEINERN/ VERGRÖßERN.

EINZUG VERKLEINERN/ VERGRÖßERN

Neu nummerieren oder mit der Nummerierung fortfahren?

In manchen Fällen wollen Sie ab einem bestimmten Absatz neu nummerieren oder nach einigen nicht nummerierten Absätzen die Nummerierung fortsetzen.

Nummerierung steuern

Wenn Sie am Ende einer nummerierten Liste einen Absatz nachträglich mit einer Nummerierung versehen, erscheint ein Smarttag mit der Option NUMMERIERUNG NEU BEGINNEN, bzw. NUMMERIERUNG FORTSETZEN.

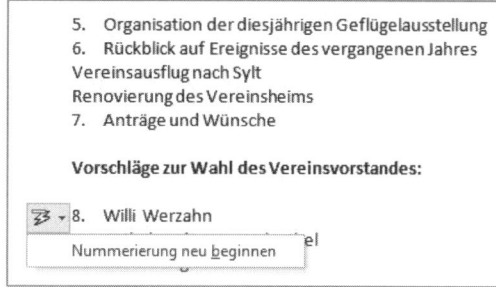

Dies können Sie auch nachträglich über das Kontextmenü der rechten Maustaste erledigen. Klicken sie mit der rechten Maustaste in den ersten Absatz, ab dem die Nummerierung geändert werden soll und wählen Sie aus dem Kontextmenü den Eintrag NEU BEGINNEN MIT 1 bzw. NUMMERIERUNG FORTSETZEN.

Sie können auch genau festlegen, mit welcher Zahl die Liste beginnen soll. Klicken Sie dazu im Kontextmenü der rechten Maustaste auf NUMMERIERUNGSWERT FESTLEGEN... und geben Sie im sich öffnenden Dialogfenster den gewünschten Wert an.

Automatische Nummerierung während der Eingabe

Beginnen Sie während der Eingabe einen Absatz mit 1., dann formatiert Word nach Eingabe des Leerzeichens diesen Absatz automatisch mit einer Nummerierung und einem linken Einzug.

2x Eingabe-Taste beendet die Nummerierung wieder

Gleichzeitig erscheint ein Smarttag mit AutoFormat-Optionen. Wenn Sie mit der Texteingabe ohne Nummerierung fortfahren wollen, dann machen Sie entweder die automatische Nummerierung rückgängig oder deaktivieren diese Funktion auch für künftige Eingaben. Möchten Sie dagegen die Nummerierung beibehalten, so fahren Sie einfach mit der Eingabe fort. Durch Drücken der Eingabetaste übernehmen Sie die Nummerierung auch für die nachfolgenden Absätze. Beenden Sie die nummerierte Liste entweder mit zweimaligem Drücken der Eingabetaste oder schalten Sie mit einem Mausklick auf die Schaltfläche die Nummerierung wieder aus.

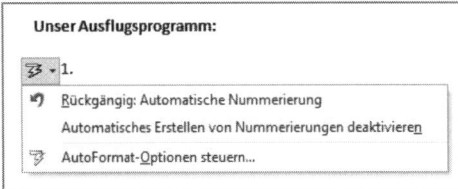

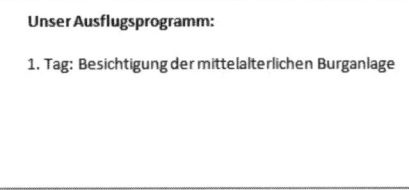

Automatische Nummerierung rückgängig machen

Keine Nummerierung

Gegliederte Listen

LISTE MIT MEHREREN EBENEN

Mit der Schaltfläche LISTE MIT MEHREREN EBENEN im Register START, Gruppe ABSATZ können Sie auch gegliederte Listen mit hierarchischen Ebenen formatieren. Ein Mausklick auf den DropDown-Pfeil öffnet die Listenbibliothek mit verschiedenen Vorlagen.

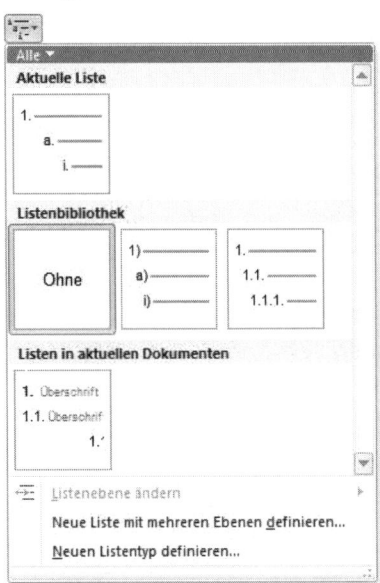

1. **Das Sonnensystem**
   1.1. Aufbau
   1.2. Umgebung des Planetensystems
   1.3. Sonnennahe Planeten
      1.3.1. Merkur
      1.3.2. Venus
      1.3.3. Erde
      1.3.4. Mars
   1.4. Entstehung des Sonnensystems
      1.4.1. Urknall
      1.4.2. Entstehung der Planeten

Die Gliederungsebenen orientieren sich an den Einzügen. Verwenden Sie daher zum Erstellen einer gegliederten Liste entweder bereits während der Eingabe oder nachträglich die Schaltflächen EINZUG VERKLEINERN und EINZUG VERGRÖßERN.

Schaltfläche	Bedeutung
Einzug vergrößern	Der Eintrag wird eine Ebene tiefer gestuft
Einzug verkleinern	Der Eintrag wird eine Ebene höher gestuft

EINZUG VERKLEINERN/
VERGRÖßERN

4.5. Rahmen und Schattierung

Rahmenlinien

Einzelne Zeichen, Absätze, ganze Seiten, oder auch Tabellen, können mit Rahmen versehen werden. Verwenden Sie dazu im Register START, Gruppe ABSATZ die Schaltfläche RAHMEN, bzw. den DropDown-Pfeil, um eine Liste mit verschiedenen Rahmenlinien zu öffnen. Standardmäßig weist die Schaltfläche die dargestellte Rahmenlinie zu, meist unten.

RAHMENLINIEN

Rahmen können sich sowohl auf Absätze, als auch auf Zeichen beziehen.

Mit einem Mausklick auf die Schaltfläche RAHMENLINIE AUßEN, formatieren Sie den aktuellen Absatz mit einem Rahmen. Mehrere Absätze müssen Sie zuvor markieren.

> **Unser Ausflugsprogramm:**
>
> 1. Tag: Besichtigung der mittelalterlichen Burganlage
> 2. Tag: Ausflug auf den Feldberg
> (je nach Wetter)

Markieren Sie dagegen innerhalb eines Absatzes ein Wort oder einen Satz, so erhalten nur die markierten Zeichen einen Rahmen.

> **Unser Ausflugsprogramm:**
>
> 1. Tag: Besichtigung der mittelalterlichen Burganlage
> 2. Tag: Ausflug auf den Feldberg
> (je nach Wetter)

Wichtig: wenn mehrere Absätze in einem Rahmen zusammengefasst werden sollen, dann müssen alle Absätze unbedingt den gleichen Einzug haben!

Achten Sie auf einen
einheitlichen Einzug
aller Absätze

Um einen Rahmen wieder zu entfernen, klicken Sie auf den DropDown-Pfeil der Schaltfläche RAHMENLINIEN und wählen Sie KEIN RAHMEN.

Benötigen Sie weitere Rahmenlinien, so öffnen Sie mit einem Mausklick auf den Befehl RAHMEN UND SCHATTIERUNG... das dazugehörige Dialogfenster. Wählen Sie im Register RAHMEN zuerst im Listenfeld FORMATVORLAGE die gewünschte Linienart, sowie darunter Farbe und Linienbreite. Klicken Sie dann unter EINSTELLUNG auf KONTUR oder SCHATTEN. Für individuelle Einstellungen benutzen Sie die Vorschau: klicken Sie einfach an die entsprechenden Stellen, um eine Linie hinzuzufügen oder zu entfernen. Mit der Schaltfläche OPTIONEN können Sie, falls erforderlich, auch noch den Abstand zum Text ändern.

Tipp: Ein Mausklick auf die Schaltfläche HORIZONTALE LINIE... öffnet ein Dialogfenster mit verschiedenen horizontalen Linien, die Sie im Dokument an der Cursorposition als Grafikobjekt einfügen können.

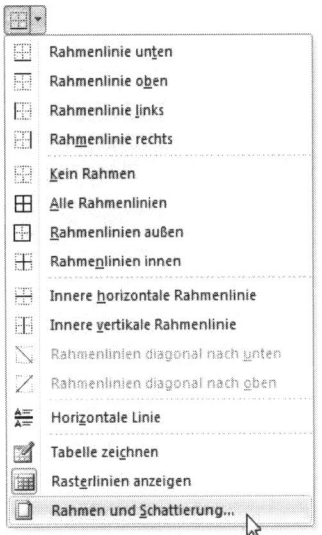

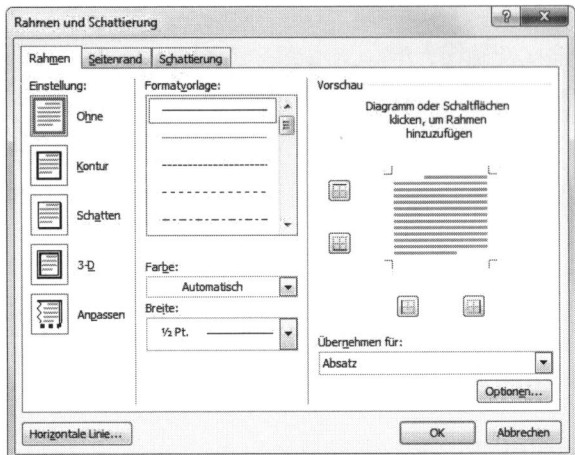

Seite einrahmen

Das Dialogfenster RAHMEN UND SCHATTIERUNG bietet im Register SEITENRAND auch noch die Möglichkeit, eine oder mehrere Seiten mit Rahmen zu versehen. Die aktuelle Cursorposition spielt dabei keine Rolle. Wählen Sie auch hier wieder zunächst Linienart, Farbe und Breite, bevor Sie in der Vorschau die Linien hinzufügen oder entfernen. Zusätzlich können Sie über ein Listenfeld angeben, für welchen Bereich des Dokuments die Rahmenlinien übernommen werden sollen. Anstelle normaler Linien können Sie unter EFFEKTE auch verschiedene grafische Darstellungen auswählen. Dieses Dialogfenster kann auch im Register SEITENLAYOUT, Gruppe SEITENHINTERGRUND über die Schaltfläche SEITENRÄNDER geöffnet werden.

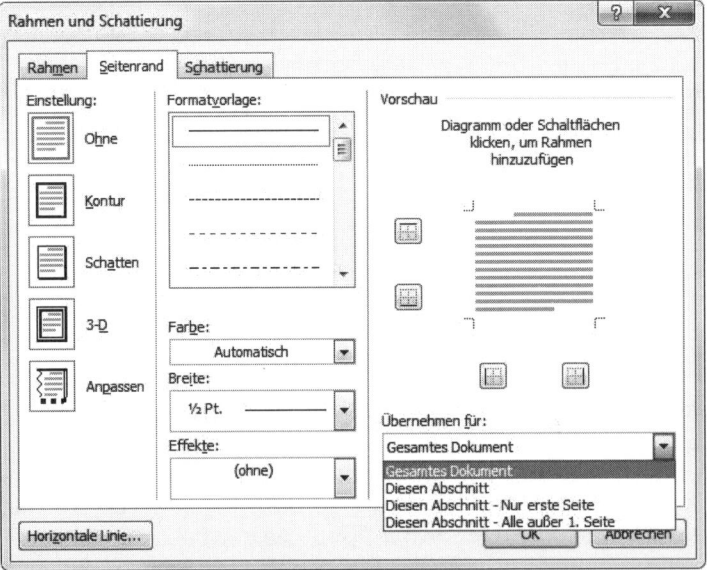

Schattierung

SCHATTIERUNG

Über die Schattierung können Sie Absätze, Tabellen oder einzelne Textstellen mit einer Hintergrundfarbe versehen. Mit einem Mausklick auf die Schaltfläche SCHATTIERUNG im Register START, Gruppe ABSATZ öffnen Sie eine Auswahl verschiedener Farben. Je nach Markierung wird die ausgewählte Farbe unterschiedlich zugewiesen:

- Haben Sie innerhalb eines Absatzes einzelne Wörter oder Zeichen markiert, so erhalten diese die ausgewählte Hintergrundfarbe.

- Befindet sich dagegen der Cursor lediglich in einem Absatz oder sind mehrere Absätze markiert, so versehen Sie die Absätze mit einer Hintergrundfarbe.

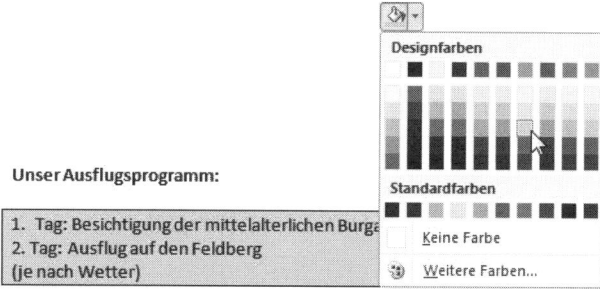

Beispiel: Schattierung

Die Schattierung kann sich sowohl auf Absätze, als auch auf Zeichen beziehen.

Die zur Verfügung stehenden Farben, die so genannten Designfarben, hängen vom gewählten Design ab. Wie Sie das Design und die Designfarben wechseln, erfahren Sie im nächsten Kapitel.

4.6.   Schnelle Formatierung mit Designs

Ein Dokumentdesign setzt sich zusammen aus Schriftart, Farbzusammenstellungen und Designeffekten wie Füllfarben und Linien. Die Gruppe DESIGNS finden Sie im Register SEITENLAYOUT. Sie können entweder über die Schaltfläche DESIGNS das gesamte Aussehen Ihres Dokuments verändern oder mit den Schaltflächen FARBEN, SCHRIFTARTEN, EFFEKTE einzelne Formate wählen.

Register SEITENLAYOUT, Gruppe DESIGNS

Wenn Sie beispielsweise die Farben ändern möchten, die beim Klick auf die Symbole SCHRIFTFARBE oder SCHATTIERUNG angezeigt werden, klicken Sie im Register SEITENLAYOUT, Gruppe DESIGNS auf FARBEN und wählen Sie die gewünschte Farbzusammenstellung.

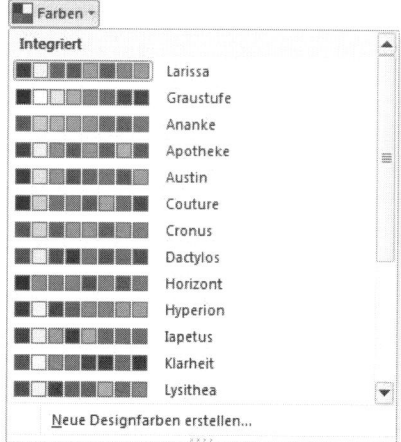

Achtung: sobald Sie nachträglich ein Designmerkmal verändern, ändern Sie damit auch alle Formatierungen innerhalb des Dokuments, die basierend auf dem Design vorgenommen wurden. Sie sollten also nochmals die Formatierungen kontrollieren oder Designänderungen zu Beginn der Formatierung vornehmen.

4.7. Format übertragen

Format übertragen bedeutet, Sie übertragen, bzw. kopieren durch Markieren mit der Maus die gesamte Formatierung einer Textstelle auf eine andere Stelle im Dokument. So gehen Sie dabei vor:

1. Markieren Sie die Textstelle deren Format Sie übertragen möchten (Vorlage).

FORMAT ÜBERTRAGEN

2. Klicken Sie nun entweder im Register START, Gruppe ZWISCHENABLAGE oder in der Minisymbolleiste auf die Schaltfläche FORMAT ÜBERTRAGEN.

Der Mauszeiger

3. Am Mauszeiger sehen Sie nun ein Pinselsymbol. Markieren Sie nun mit der Maus die Textstelle, der Sie die Formatierung zuweisen wollen.

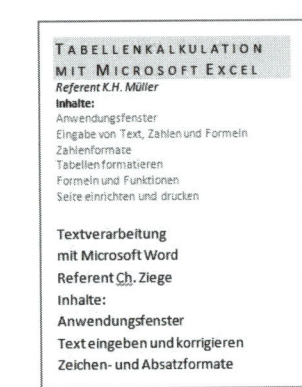 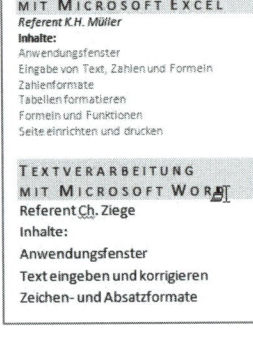 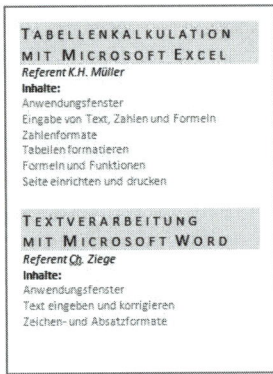

Ursprüngliche Formatierung   Übertragung der Formatierung   Endergebnis

Mit dieser Funktion übertragen Sie sowohl Absatz- als auch Zeichenformate:

- Wenn Sie einen Absatz einschließlich der Absatzendemarke markiert haben, so übertragen Sie alle Formatierungen dieses Absatzes, etwa Schriftart und Absatzausrichtung. Zum Übertragen von Absatzformaten genügt es auch, wenn sich der Cursor innerhalb des betreffenden Absatzes befindet.

- Wenn Sie dagegen innerhalb eines Absatzes einzelne Zeichen markiert haben, so übertragen Sie ausschließlich das Format der markierten Zeichen, keine Absatzformate!

Format übertragen
dauerhalt aktivieren

Tipp: Mit einem Doppelklick auf die Schaltfläche FORMAT ÜBERTRAGEN bleibt diese Funktion dauerhaft aktiviert, Sie können also ein Format nacheinander gleich auf mehrere Textstellen übertragen. Mit der Esc-Taste oder einem nochmaligen Mausklick auf das Symbol schalten Sie die Funktion wieder aus.

4.8. Zusammenfassung

- Word unterscheidet bei der Textformatierung zwischen Zeichen- und Absatzformaten. Zeichenformate weisen Sie den markierten Zeichen zu, Absatzformate beziehen sich dagegen auf den aktuellen Absatz oder mehrere markierte Absätze. Mit Hilfe der Schaltfläche FORMAT ÜBERTRAGEN können Sie beide Arten von Formaten schnell auf weitere Texte übertragen.

- Die wichtigsten Zeichenformate sind Schriftart, Schriftfarbe und Schriftgröße, sowie die Schriftattribute Fett, Kursiv und Unterstrichen. Weitere Zeichenformate finden Sie im Dialogfenster SCHRIFTART.

- Die wichtigsten Absatzformate steuern Ausrichtung und Einzüge von Absätzen. Als Einzug bezeichnet man den Abstand zum rechten oder linken Seitenrand, über Sondereinzüge können Sie das Aussehen der ersten Zeile eines

Absatzes festlegen. Abstände gehören ebenfalls zu den Absatzformaten und steuern den Zeilenabstand innerhalb eines Absatzes oder den Abstand zum vorherigen, bzw. nachfolgenden Absatz.

- Absätze können entweder während der Eingabe oder nachträglich mit Aufzählungszeichen oder einer fortlaufenden Nummerierung versehen werden.

- Rahmenlinien und Hintergrundschattierung können sich sowohl auf markierte Zeichen, einen oder mehrere Absätze als auch auf eine ganze Seite beziehen. Sollen mehrere Absätze innerhalb eines einzigen Rahmens zusammengefasst werden, so müssen alle Absätze unbedingt gleiche Einzüge besitzen!

- Schnelle Formatierungsmöglichkeiten bietet Word 2010 über eine Sammlung verschiedener Designs an.

4.9.   Übung

Erstellen Sie ein neues, leeres Dokument und geben Sie den folgenden Text ein. Speichern Sie das Dokument anschließend unter dem Namen Formatierung_Angebot auf Ihrer Festplatte.

Das gesamte Dokument erhält als normale Schrift die Schriftart Calibri in Schriftgröße 11 (dies ist auch die Standardeinstellung von Word 2010).

SumSum – Moderne Haushaltsgeräte
Grenzstr. 12b
58443 Orthingen
Telefon 08123-4711
Fax 08123-4712

Frau Bettina B. Liebig
Wasserweg 2
99812 Irgendwo

Ohrtingen, 1. April 2008

Angebot

Sehr geehrte Frau Liebig,

Wie gewünscht, senden wir Ihnen unser Angebot an Staubsaugern:
SuperMaxx 3D-Turbo, unser Premium-Modell mit tiefer gelegtem Fahrwerk und sportlichem Sound
589,00 €
Mega SX 3000, unser bewährtes Standardmodell, in vielen verschiedenen Lackierungen erhältlich
Gold metallic, Silber metallic, Camouflage-Look und Ferrari-rot
299,00 €

Bei Fragen helfen wir Ihnen gern unter der folgenden Hotline weiter:
0900 981287

Bei etwaigen Reklamationen beachten Sie bitte unsere allgemeinen Geschäftsbedingungen:
Transportschaden oder Transportverlust
Bei Transportschäden kontaktieren Sie uns bitte innerhalb von Werktagen nach Erhalt der Lieferung
telefonisch unter der Nr. 0180-111111 oder schriftlich, bzw. per E-Mail an info@sumsum.de
Falschlieferung
Bei einer Falschlieferung kontaktieren Sie uns bitte umgehend nach Erhalt der Ware telefonisch unter
der Nummer 0180-222222 oder schriftlich, bzw. per E-Mail an oben genannte Adresse. Sie erhalten
dann eine Vorgangsnummer, welche Sie bitte bei der Rücksendung angeben. Nach Eingang der falsch
gelieferten Ware werden wir umgehend eine Korrekturlieferung veranlassen.
Widerruf
Bei Nichtgefallen können Sie die gekaufte Ware innerhalb von 14 Tagen ohne Angabe von Gründen
zurückgeben.

Formatieren Sie das Dokument ähnlich dem abgebildeten Muster:

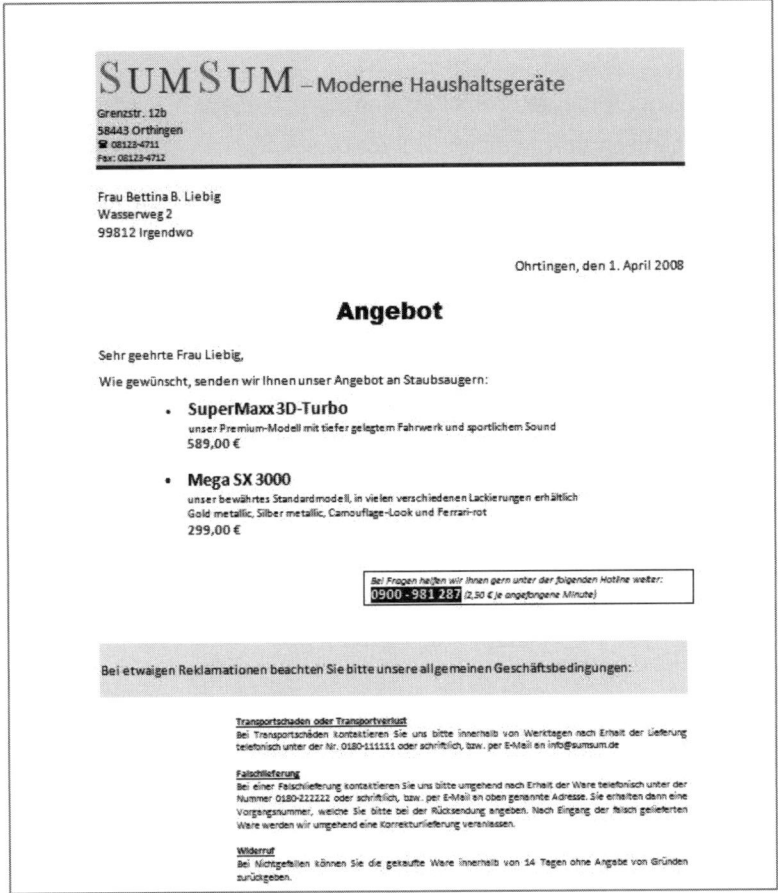

Formatierungshinweise

Absenderangaben

- Zeile 1: Text SumSum in Schriftart Times New Roman, Schriftgröße 36, Kapitälchen, Zeichenabstand erweitert um 4 pt. Die beiden Buchstaben S erhalten Schriftfarbe dunkelblau, die übrigen Zeichen dunkelgrau. Den Text „Moderne Haushaltsgeräte" formatieren Sie ebenfalls in Schriftfarbe dunkelgrau, Schriftgröße 18.

- Die beiden nächsten Zeilen (Straße und Ort) erhalten Schriftgröße 10, Telefon und Fax Schriftgröße 8.

- Die gesamte Absenderadresse erhält eine hellgraue Schattierung und eine dunkelblaue Rahmenlinie unterhalb, Linienbreite 3 pt. Absenderort und Datum werden rechtsbündig ausgerichtet.

Angebotstext

- Der Text "Angebot" wird zentriert ausgerichtet und erhält Schriftart Arial Black, Größe 18pt.

- Die beiden Staubsaugermodelle formatieren Sie ähnlich der Abbildung mit Aufzählungszeichen und linkem Einzug. Zusätzlich erhalten diese Absätze auch noch einen rechten Einzug von 2 cm. Die Preise formatieren Sie fett und rot, die Modellbezeichnungen fett und in Schriftgröße 14.

- Der Absatz "Bei Fragen ...." erhält einen linken Einzug von 7,5 cm sowie einen Rahmen. Die Schrift formatieren Sie in Größe 8pt, kursiv, die Telefonnummer in Größe 11, fett entsprechend der Abbildung.

- Den Absatz "bei etwaigen Reklamationen..." formatieren Sie entsprechend der Abbildung.

- Die letzten drei Absätze (allgemeine Geschäftsbedingungen) erhalten einen linken Einzug von 3,75 cm, Blocksatz sowie Schriftgröße 8pt. Die jeweiligen Überschriften formatieren Sie zusätzlich fett und unterstrichen.
- Fügen Sie noch Leerzeilen hinzu, entsprechend der Abbildung.

Bemerkungen:

_____

_____

_____

_____

_____

_____

5. Seitenlayout festlegen und Dokument drucken

In dieser Lektion lernen Sie

- Word-Dokumente in der Druckvorschau kontrollieren und drucken
- Seitenränder und Papierformat
- Ein Dokument in Abschnitte aufteilen
- Mehrspaltiger Text

Was Sie für diese Lektion wissen sollten

- Formatieren

Neben den allgemeinen Druckeinstellungen ermöglicht Word auch eine vorherige Kontrolle des Ausdrucks in einer Druckvorschau. Alle Druckeinstellungen finden Sie im Register DATEI. Vor dem Drucken können Sie das Seitenlayout bearbeiten, beispielsweise Seitenränder oder Papierausrichtung festlegen. Das Seitenlayout steuert eigentlich das Aussehen von Dokumentabschnitten, da jedoch ein Dokument meist nur aus einem einzigen Abschnitt besteht, gelten die Einstellungen auch gleichzeitig für das gesamte Dokument. Wenn Sie innerhalb eines Dokuments unterschiedliche Seitenränder oder mehrspaltige Abschnitte benötigen, dann müssen Sie das Dokument in Abschnitte aufteilen.

5.1. Dokument drucken

Das Register DATEI

Alle Befehle zum Drucken erreichen Sie über das Register DATEI. In der sich nun öffnenden so genannten Backstage-Ansicht klicken Sie links auf DRUCKEN.

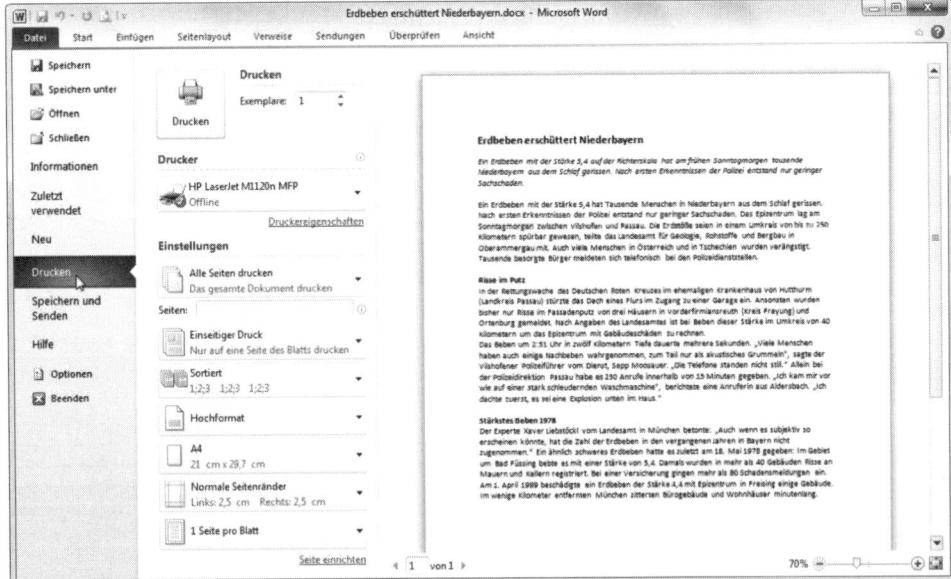

Druckvorschau

Auf der rechten Seite sehen Sie eine Druckvorschau, mit deren Hilfe Sie das Ergebnis vor dem Drucken noch einmal kontrollieren können. Sie zeigt das Dokument exakt so, wie es später auch gedruckt wird.

Mit der Bildlaufleiste oder dem Mausrad (Scrollen) können Sie die weiteren Seiten ihres Dokuments anzeigen lassen, alternativ geben Sie die gewünschte Seitenzahl direkt in das vorgesehene Eingabefeld ein oder klicken auf die Pfeile. Den Zoomfaktor stellen Sie über den Schieberegler am unteren rechten Seitenrand ein.

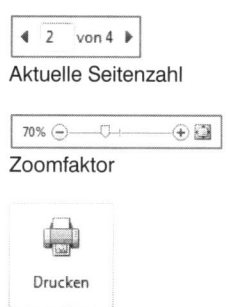

Aktuelle Seitenzahl

Zoomfaktor

Wenn Sie mit dem Ergebnis einverstanden sind, klicken Sie auf die Schaltfläche DRUCKEN, um das Dokument an den Drucker zu senden.

Druckeinstellungen

Sie haben auch die Möglichkeit, das Druckergebnis mit Hilfe einiger Druckeinstellungen anzupassen.

Anzahl Exemplare

Rechts neben der Schaltfläche DRUCKEN können Sie eingeben, wie oft Sie Ihr Dokument ausdrucken möchten, standardmäßig ist hier 1 eingestellt.

Bei mehrseitigen Dokumenten sollten Sie in diesem Fall auch die Sortierung angeben, klicken Sie dazu auf das Dropdown-Feld SORTIERUNG und wählen Sie die gewünschte Sortierung, standardmäßig ist SORTIERT ausgewählt.

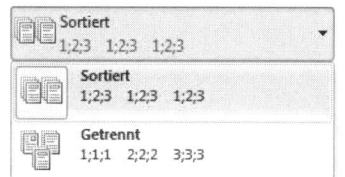

Drucker auswählen

Verfügen Sie über mehrere Drucker, so klicken sie auf das Dropdown-Feld DRUCKER und wählen Sie den gewünschten Drucker. Standardmäßig wird der von Windows als Standarddrucker konfigurierte Drucker verwendet.

Weitere druckerspezifische Eigenschaften, wie z.B. die Druckqualität, erreichen Sie nach Mausklick auf den Link DRUCKEREIGENSCHAFTEN.

Erweiterte Druckeigenschaften

Seitenbereich

Wenn Sie nicht das gesamte Dokument, sondern nur bestimmte Seiten drucken möchten, können Sie über das Dropdown-Feld SEITENBEREICH den zu druckenden Bereich wählen.

Wenn Sie selbst die zu druckenden Seiten festlegen möchten, wählen Sie BENUTZERDEFINIERTEN BEREICH DRUCKEN und geben Sie im Eingabefeld darunter den gewünschten Seitenbereich ein. Sie können dazu die Sonderzeichen - (Bindestrich) und ; (Semikolon) zur Eingabe verwenden.

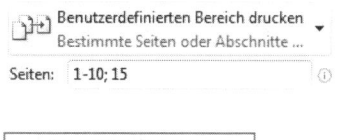

Zusätzlich können Sie bei Bedarf nur gerade bzw. ungerade Seiten drucken.

Mehrere Seiten auf
einer Druckseite
drucken

Mehrere Seiten

Um Papier und Toner bzw. Tinte zu sparen, können Sie umfangreichere Dokumente entweder beidseitig drucken, oder mehrere Seiten des Dokuments verkleinert auf einem Blatt neben- bzw. untereinander drucken.

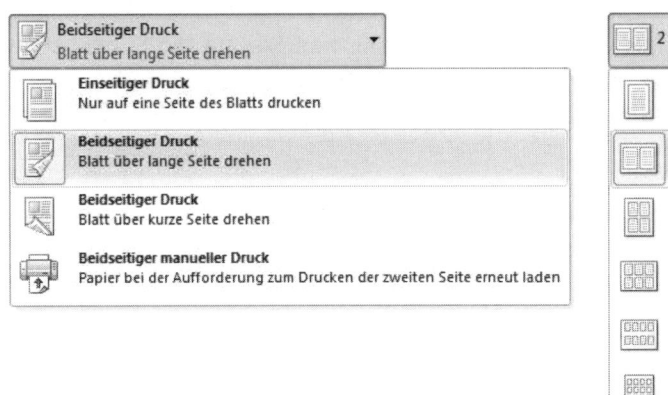

Beidseitiger Druck

Mehrere Seiten auf ein Blatt

Beidseitiger Druck

Beim beidseitigen Druck wählen Sie im Dropdown-Feld BEIDSEITIGER DRUCK aus, ob Sie die Blätter über die lange oder kurze Seite drehen wollen. Unterstützt Ihr Drucker keinen automatischen beidseitigen Druck (Duplexdruck), so wählen Sie die Option BEIDSEITIGER MANUELLER DRUCK. Word blendet dann nach dem Ausdruck der Hälfte der Seiten eine Aufforderung ein, das Papier erneut gedreht in den Drucker einzulegen.

5.2.   Seitenlayout

Alle weiteren Seiteneinstellungen, wie Papierformat, Seitenränder und Ausrichtung, finden Sie sowohl im Register DATEI, als auch im Register SEITENLAYOUT, Gruppe SEITE EINRICHTEN.

Papierformat

Das Papierformat legen Sie über die Schaltfläche GRÖßE fest. Sollte das gewünschte Format nicht in der Liste enthalten sein, so können Sie über WEITERE PAPIERFORMATE… ein eigenes Papierformat definieren.

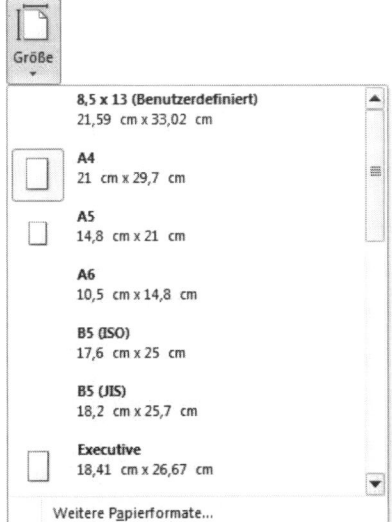

Seitenränder

Um die Seitenränder anzupassen, klicken Sie auf die Schaltfläche SEITEN-RÄNDER.

Sollte die gewünschte Einstellung nicht in der Liste aufgeführt sein, so können Sie durch Klick auf BENUTZERDEFINIERTE SEITENRÄNDER… eigene Einstellungen vornehmen.

Bei beidseitigem Druck empfiehlt sich die Einstellung GESPIEGELT, um unterschiedliche Seitenränder außen und innen einstellen zu können. Weitere Optionen hierzu finden Sie ebenfalls über den Menüpunkt BENUTZERDEFINIERTE SEITENRÄNDER…. Wählen Sie anschließend im Dropdown-Feld MEHRERE SEITEN die gewünschte Einstellung aus.

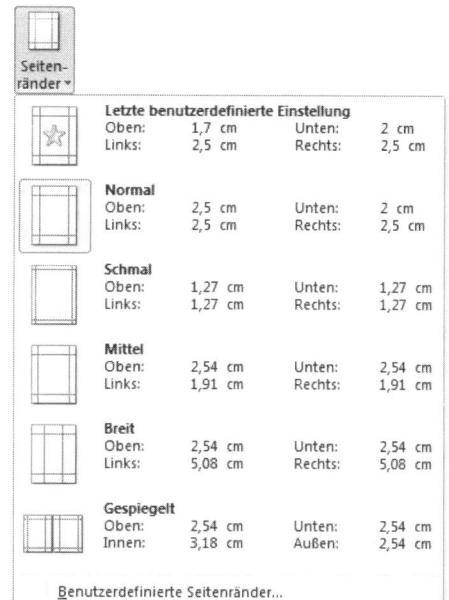

Ausrichtung

Die Ausrichtung der Seiten Ihres Dokuments steuern Sie über die Schaltfläche AUSRICHTUNG. Wählen Sie zwischen dem standardmäßig eingestellten HOCHFORMAT und QUERFORMAT.

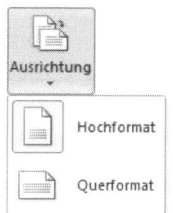

5.3. Ein Dokument in Abschnitte aufteilen

Einstellungen wie Seitenränder und Ausrichtung sind eigentlich so genannte Abschnittsformate. Besteht ein Dokument nur aus einem einzigen Abschnitt, dann gelten alle diese Einstellungen automatisch für das gesamte Dokument. Benötigen Sie dagegen innerhalb eines Dokuments unterschiedliche Seitenränder oder möchten Sie eine oder mehrere Seiten des Dokuments abweichend im Querformat drucken, dann müssen Sie das Dokument in Abschnitte aufteilen und das Seitenlayout für jeden Abschnitt festlegen. Rufen Sie dazu das Register SEITEN-LAYOUT auf, in der Gruppe SEITE EINRICHTEN finden Sie die Schaltfläche UMBRÜCHE.

Unterschiedliches Seitenlayout

Register SEITENLAYOUT, Gruppe SEITE EINRICH-TEN

Umbruchart	Bedeutung
Nächste Seite	Der neue Abschnitt beginnt mit einer neuen Seite
Fortlaufend	Der neue Abschnitt beginnt noch auf derselben Seite
Gerade/ Ungerade	Der neue Abschnitt beginnt auf der nächsten geraden oder ungeraden Seite

Sind die nicht druckbaren Steuerzeichen von Word sichtbar, so wird ein Abschnittwechsel durch eine gepunktete Doppellinie dargestellt.

¶

ALLE ANZEIGEN

¶
¶ ···Abschnittswechsel (Fortlaufend)···
¶

Abschnittwechsel löschen

Um einen Abschnittswechsel zu löschen, klicken Sie mit der Maus in die Doppellinie und drücken Sie die Entf-Taste.

> **Achtung:** damit werden alle Einstellungen des Abschnitts gelöscht und das Seitenlayout des nachfolgenden Abschnitts übernommen.

Einstellungen einem Abschnitt zuweisen

Sie können Einstellungen wie Papierausrichtung und Seitenränder für jeden Abschnitt getrennt festlegen:

1. Achten Sie darauf, dass sich der Cursor im entsprechenden Abschnitt befindet.

Das Dialogfenster SEITE EINRICHTEN

2. Öffnen Sie das Dialogfenster SEITE EINRICHTEN. Hier können Sie die gleichen Einstellungen vornehmen, wie über die Schaltflächen in der Gruppe SEITE EINRICHTEN. Wählen Sie dann im Listenfeld ÜBERNEHMEN FÜR den aktuellen Abschnitt aus.

Word fügt automatisch einen Abschnittswechsel ein

Tipp: Wenn Sie im Listenfeld ÜBERNEHMEN FÜR die Auswahl DOKUMENT AB HIER verwenden, dann gelten diese Einstellungen ab Cursorposition für das gesamte restliche Dokument. Word fügt an dieser Stelle automatisch einen fortlaufenden Abschnittswechsel ein. Achten Sie auf die Cursorposition, bevor Sie das Dialogfenster öffnen

5.4. Mehrspaltiger Text

Text in Spalten

Word kann Text auch in zwei oder mehr Spalten anordnen. Besteht das Dokument aus einem einzigen Abschnitt, so bezieht sich die Spaltenaufteilung auf das gesamte Dokument. Soll dagegen nur ein Teil des Dokuments mehrspaltig sein, dann müssen Sie das Dokument zuvor wieder in Abschnitte aufteilen (siehe oben).

Achten Sie darauf, dass sich der Cursor im entsprechenden Abschnitt befindet und rufen Sie das Register SEITENLAYOUT, Gruppe SEITE EINRICHTEN auf, und klicken Sie auf die Schaltfläche SPALTEN. Wählen Sie entweder im Listenfeld eine der Standardmöglichkeiten oder öffnen Sie mit dem Befehl WEITERE SPALTEN das Dialogfenster SPALTEN für detailliertere Einstellungen.

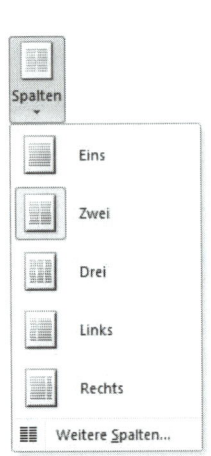

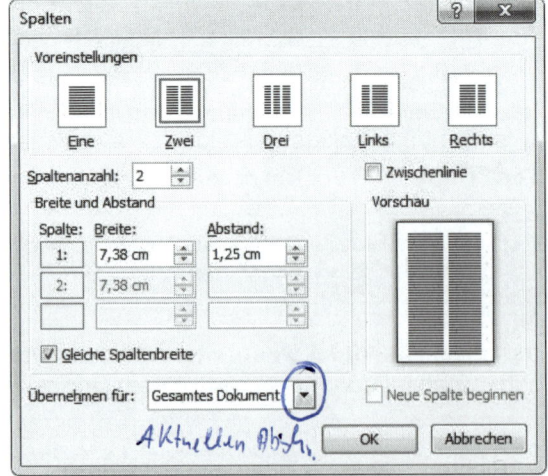

Geben Sie bei Bedarf den gewünschten Abstand zwischen den Spalten an. Eine Zwischenlinie zwischen den Spalten können Sie mit dem Kontrollkästchen einfügen. Ist das Kontrollkästchen GLEICHE SPALTENBREITE aktiviert, so erfolgt eine automatische Anpassung der Spaltenbreiten entsprechend der gewählten Spaltenanzahl und der Seitenbreite.

Erdbeben erschüttert Niederbayern

Ein Erdbeben mit der Stärke 5,4 auf der Richterskala hat am frühen Sonntagmorgen tausende Niederbayern aus dem Schlaf gerissen. Nach ersten Erkenntnissen der Polizei entstand nur geringer Sachschaden.

Ein Erdbeben mit der Stärke 5,4 hat Tausende Menschen in Niederbayern aus dem Schlaf gerissen.

Nach ersten Erkenntnissen der Polizei entstand nur geringer Sachschaden. Das Epizentrum lag am Sonntagmorgen zwischen Vilshofen und Passau. Die Erdstöße seien in einem Umkreis von bis zu 250 Kilometern spürbar gewesen, teilte das Landesamt für Geologie, Rohstoffe und Bergbau in Oberammergau mit. Auch viele Menschen in Österreich und in Tschechien wurden verängstigt. Tausende besorgte Bürger meldeten sich telefonisch bei den Polizeidienststellen.

Risse im Putz
In der Rettungswache des Deutschen Roten Kreuzes im ehemaligen Krankenhaus von eine Anruferin aus Aldersbach. „Ich dachte zuerst, es sei eine Explosion unten im Haus."

Stärkstes Beben seit 1978
Der Experte Xaver Liebstöckl vom Landesamt in München betonte: „Auch wenn es subjektiv so erscheinen könnte, hat die Zahl der Erdbeben in den vergangenen Jahren in Bayern nicht zugenommen." Ein ähnlich schweres Erdbeben hatte es zuletzt am 18. Mai 1978 gegeben: Im Gebiet um Bad Füssing bebte es mit einer Stärke von 5,4. Damals wurden in mehr als 40 Gebäuden Risse an Mauern und Kellern registriert. Bei einer Versicherung gingen mehr als 80 Schadensmeldungen ein.
Am 1. April 1999 beschädigte ein Erdbeben der Stärke 4,4 mit Epizentrum in Freising einige Gebäude. Im wenige Kilometer

Beispiel: Text in zwei Spalten

Tipp: mit einem Mausklick auf den Pfeil des Listenfeldes ÜBERNEHMEN FÜR und die Einstellung DOKUMENT AB HIER fügt Word gleichzeitig einen fortlaufenden Abschnittwechsel ein.

Übernehmen für Dokument ab Cursorposition

5.5. Zusammenfassung

- Die Befehle zum Drucken sowie die Druckeinstellungen rufen Sie in Word 2010 über das Register DATEI, Menüpunkt DRUCKEN, auf. Hier sehen Sie auch eine Vorschau auf das Dokument, so wie es später auf dem Ausdruck erscheint.

- Einstellungen wie Papierausrichtung und Seitenränder können im Register SEITENLAYOUT, Gruppe SEITE EINRICHTEN vorgenommen werden. Standardmäßig gelten diese Einstellungen für das gesamte Dokument. Wenn Sie ein Dokument in Abschnitte aufteilen, so können Sie jedem der Abschnitte ein eigenes Seitenlayout zuweisen, diese Einstellungen werden daher auch als Abschnittformate bezeichnet.

- Auch mehrspaltiger Text zählt zu den Abschnittformaten. Soll ein Dokument sowohl einspaltigen als auch zweispaltigen Text enthalten, so muss dazu ein Abschnittwechsel eingefügt werden.

5.6. Übung

- Erstellen Sie eine neue Datei namens Computerlexikon und tippen Sie aus dem unten angegebenen Text die ersten Einträge ab.

- Richten Sie die Seite so ein, dass das Lexikon im Querformat gedruckt wird.

- Ändern Sie die Seitenränder: Links und rechts jeweils 2 cm, oben und unten je 3 cm.

- Richten Sie unterhalb der Überschrift einen dreispaltigen Abschnitt ein. Alle Spalten erhalten gleiche Breite mit einem Abstand von 1 cm und einer Zwischenlinie. Zentrieren Sie die Überschrift.

Das Ergebnis sollte in etwa so aussehen:

Kleines Computerlexikon

AMD
Hersteller von Prozessoren.

Betriebssystem
Das Betriebssystem ist die wichtigste Software eines Computers und umfasst eigentlich eine ganze Gruppe von Programmen zur Bedienung und Verwaltung eines Computers. Dazu gehören die Steuerung der Hardware, die Dateiverwaltung und die Benutzeroberfläche zur Bedienung des Computers.

BIOS
Abkürzung für Basic Input Output System, enthält die wichtigsten Funktionen, die zum Starten eines Computers nötig sind. Das BIOS ist fester Bestandteil des Computers.

Bit
Ein Bit stellt in der EDV die kleinste Speichereinheit dar, allerdings lassen sich damit nur die Informationen 0 und 1 speichern. Ein Byte umfasst 8 Bit.

Booten
Den Startvorgang nach dem Einschalten des Computers bezeichnet man auch als Booten.

Bussystem
Der eigentliche Datentransport zwischen den verschiedenen Geräten, beispielsweise Tastatur, CD und Bildschirm erfolgt über ein so genanntes Bussystem. PCI (Peripheral Component Interconnect) ist einer der bekanntesten Standards.

Byte
Ein Byte umfasst 8 Bit, und kann die Zahlen von 0 bis 255 speichern.

CPU
Abkürzung für Central Processing Unit, eine gebräuchliche Bezeichnung für den Prozessor als zentrale Verarbeitungseinheit.

dpi
Die Auflösung eines Druckers wird in dpi = Dots per Inch (Punkt pro Inch) angegeben

Drag & Drop
dt. ziehen und fallenlassen, bezeichnet eine Methode, wie mit man gedrückter Maustaste Objekte verschieben kann.

DSL
Abkürzung für Digital Subscriber Line, eine

Technik zur schnellen Datenübermittlung über eine Telefonleitung.

DVD
Digital Versatile Disk, weist im Gegensatz zur CD mit 4,7 GB eine erheblich höhere Speicherkapazität auf und ist daher auch zum Speichern von Videos geeignet.

Floppy Disk
Eine andere Bezeichnung für die Diskette.

INTEL
Hersteller von Prozessoren.

ISDN
Abkürzung für Integrated Services Digital Network, ein internationaler Standard für digitale Kommunikation.

JPEG
Dateiformat, das häufig für die Speicherung von Bildern verwendet wird.

LAN
Local Area Network. Ein lokales Netzwerk, das innerhalb eines abgegrenzten Bereiches mehrere Computer miteinander zum

Lösungshinweise:

- Die Seitenränder ändern Sie über das Register SEITENLAYOUT, Gruppe SEITE EINRICHTEN. Klicken Sie auf die Schaltfläche SEITENRÄNDER, dann auf den Befehl BENUTZERDEFINIERTE SEITENRÄNDER... und geben Sie im Dialogfenster die Ränder ein.

- Zur Aufteilung in drei Spalten positionieren Sie den Cursor am Beginn der zweiten Zeile, links vom Wort "AMD". Klicken Sie dann im Register SEITENLAYOUT, Register SEITE EINRICHTEN auf die Schaltfläche SPALTEN und auf den Befehl WEITERE SPALTEN...

- Legen Sie nun die Spaltenanzahl (3) fest, achten Sie darauf, dass das Kontrollkästchen GLEICHE SPALTENBREITE aktiviert ist und ändern Sie den Abstand auf 1 cm. Aktivieren Sie noch das Kontrollkästchen ZWISCHENLINIE und wählen Sie im Listenfeld ÜBERNEHMEN FÜR: die Einstellung DOKUMENT AB HIER.

- An der Cursorposition wird dadurch gleichzeitig ein fortlaufender Abschnittwechsel eingefügt.

Bemerkungen:

_____

_____

_____

_____

6. Tabulatoren und Tabellen

In dieser Lektion lernen Sie

- Arbeiten mit Tabstopps
- Tabellen einfügen und bearbeiten
- Formatieren von Tabellen

Was Sie für diese Lektion wissen sollten

- Zeichen- und Absatzformate

Viele Inhalte lassen sich in Tabellenform besser darstellen. Zu diesem Zweck können Sie entweder Tabstopps oder Tabellen verwenden, aber auf keinen Fall sollten Sie die Abstände zwischen Spalten mit Leerzeichen erzeugen! Da fast immer Proportionalschriften mit unterschiedlichen Zeichenbreiten verwendet werden, ist es mit Leerzeichen nicht möglich, Text über mehrere Zeilen in Spalten exakt untereinander auszurichten. Auch bei nachträglichen Änderungen geraten auf diese Weise erzeugte Spalten schnell aus den Fugen.

Wichtig: erzeugen Sie Abstände im Text nicht mit Leerzeichen, sondern mit Tabstopps oder Tabellen!

6.1. Tabstopps

Standardtabstopps

Tabstopps orientieren sich nicht an der Zeichenbreite, sondern sind feste, vorgegebene Positionen, die Sie mit der Tab-Taste der Tastatur ansteuern. Word verfügt über Standardtabstopps in Abständen von je 1,25 cm. Mit ihrer Hilfe können Sie während der Eingabe über mehrere Zeilen schnell Spalten erzeugen. Bei sichtbaren Steuerzeichen werden die Tabulatorzeichen als kleine schwarze Pfeile dargestellt. Tabulatorzeichen können, wie alle anderen Steuerzeichen auch, nachträglich gelöscht oder eingefügt werden.

Tabstopps orientieren sich an festen Positionen

Während der Eingabe schnell Spalten erzeugen

Name→ → → →	Abteilung → →	Tel.-Durchwahl¶
Bauer,·Franz → → →	Buchhaltung→ →	102¶
Kleinlich,·Irene⊸ → →	Buchhaltung→ →	105¶
von·Baumholz,·Friedrich →	Geschäftsleitung →	900¶
Dr.·Kläffer,·Hartmut → →	Entwicklung→ →	712¶

Beispiel: Tabelle mit Standardtabstopps

Nachteile

- Die Standardtabstopps sind immer linksbündige Tabstopps, das bedeutet, der Text wird an der Tabstopp-Position linksbündig ausgerichtet.
- Nachträgliche Änderungen am Text machen unter Umständen auch das Löschen oder Einfügen weiterer Tabulatorzeichen nötig. Daher eignet sich diese Methode nur bedingt für größere Tabellen.

Tabstopps setzen

Benutzerdefinierte Tabstopps beziehen sich auf Absätze

Anstelle der Standardtabstopps können Sie auch eigene Tabstopps festlegen und damit gleichzeitig auch eine andere Ausrichtung wählen. Beim Setzen eines Tabstopps werden alle Standardtabstopps links von dieser Position aufgehoben. Beachten Sie, dass Tabstopps zu den Absatzformaten gehören und somit nicht für das gesamte Dokument, sondern nur für Absätze gelten.

Durch Drücken der Eingabe-Taste können Sie während der Eingabe Tabstopps in den nächsten Absatz übernehmen.

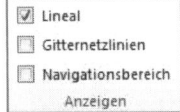

Register ANSICHT, Gruppe ANZEIGEN

Tabstopp-Symbol

So gehen Sie beim Festlegen von Tabstopps vor:

1. Sorgen Sie zunächst dafür, dass das Lineal eingeblendet ist.

2. Am linken Rand des horizontalen Lineals befindet sich ein kleines Kästchen mit der aktuellen Tabstoppausrichtung. Klicken Sie nun mehrmals auf das Kästchen, bis die gewünschte Tabstoppausrichtung erscheint.

Folgende Tabstopp-Ausrichtungen stehen zur Auswahl:

Tabstopp	Bedeutung
L	Linksbündig
⊥	Zentriert
⌐	Rechtsbündig
⊥	Dezimal (das Dezimaltrennzeichen wird am Tabstopp ausgerichtet)

3. Klicken Sie nun mit der Maus im Lineal an die Position, an der der Tabstopp gesetzt werden soll. Im Lineal erscheint an dieser Stelle die Tabstoppmarke.

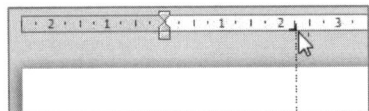

Tabstopp setzen

Tabstopps verschieben

Markieren Sie die Absätze bei nachträglichen Änderungen

Bei Bedarf können Sie diese Marke im Lineal mit gedrückter Maustaste nach rechts oder links verschieben. Wird der Tabstopp von mehreren Absätzen verwendet, so müssen Sie die Absätze markieren, bevor Sie den Tabstopp verschieben.

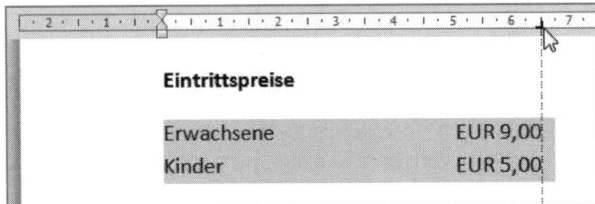

Tabstopp mit der Maus verschieben

Tabstopp löschen

Zum Löschen genügt es, wenn Sie die Tabstoppmarke mit gedrückter Maustaste aus dem Lineal heraus nach unten ziehen.

Füllzeichen verwenden

Benötigen Sie bis zur nächsten Tabstoppposition Füllzeichen, beispielsweise Punkte, so können Sie dies im Dialogfenster TABSTOPPS festlegen. Setzen Sie dazu im Lineal einen Tabstopp mit der gewünschten Ausrichtung. Mit einem Doppelklick auf die Tabstoppmarke öffnet sich das Dialogfenster TABSTOPPS.

Dialogfenster
TABSTOPPS

Tipp: verwenden Sie das Dialogfenster TABSTOPPS auch, um einen Tabstopp an eine exakt definierte Stelle zu setzen, dies ist mit Hilfe des Lineals nicht immer möglich.

Exakte Position
angeben

1. Geben Sie zuerst die gewünschte Position an.

2. Wählen Sie dann Ausrichtung und Füllzeichen und klicken Sie anschließend auf die Schaltfläche FESTLEGEN.

3. Legen Sie bei Bedarf noch weitere Tabstopps fest und schließen Sie das Fenster mit der Schaltfläche OK.

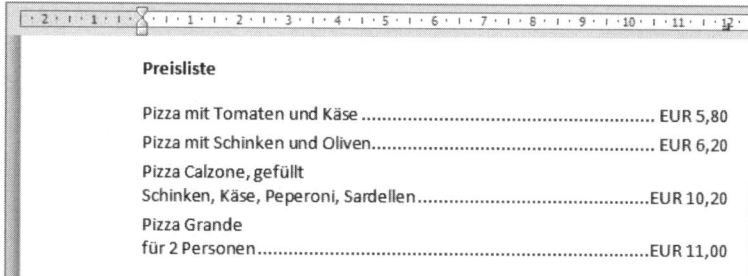

Beispiel: Preisliste mit Füllzeichen

6.2. Tabellen

Mit Ausnahme der Füllzeichen lässt sich Text mit Hilfe von Tabellen auf wesentlich einfachere Weise in Spalten ausrichten. Eine Tabelle kann Text, Zahlen und Grafiken enthalten. Tabellen bieten außerdem auch noch den Vorteil, dass sich viele Formatierungen einfacher durchführen lassen. Innerhalb einer Zelle sind auch mehrzeilige Einträge möglich, es erfolgt ein automatischer Zeilenumbruch. Sie können aber auch einen manuellen Zeilenumbruch oder durch Drücken der Eingabe-Taste ein Absatzende einfügen. Die Breite der Spalten und die Zeilenhöhe können nachträglich jederzeit angepasst werden.

Zum Einfügen einer Tabelle kennt Word verschiedene Möglichkeiten:

- Tabelle einfügen
- Tabelle zeichnen
- Text nachträglich in eine Tabelle umwandeln

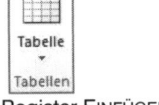

Wie viele Spalten
werden benötigt?

Tabelle einfügen

Überlegen Sie vorher, wie viele Spalten Sie in der Tabelle benötigen, die Anzahl der Zeilen spielt dagegen keine Rolle, da neue Zeilen während der Eingabe automatisch an die Tabelle angefügt werden. Achten Sie beim Einfügen einer Tabelle auch darauf, dass sich der Cursor am Beginn eines neuen Absatzes befindet.

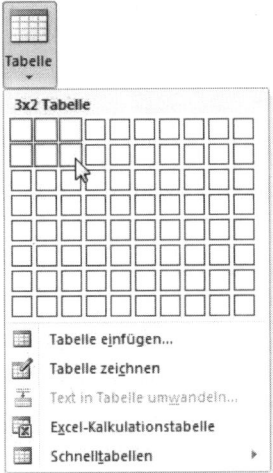

Klicken Sie dann mit der Maus im Register EINFÜGEN, Gruppe TABELLEN, auf die Schaltfläche TABELLE. Im Dokument erscheint eine Tabelle sobald Sie mit der Maus in das Raster zeigen. Legen Sie abschließend durch Klicken die gewünschte Anzahl Spalten und Zeilen fest.

Register EINFÜGEN,
Gruppe TABELLEN.

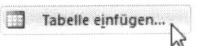

Oder klicken Sie in der geöffneten Liste darunter auf den Befehl TABELLE EINFÜGEN.... Im Dialogfenster TABELLE EINFÜGEN können Sie ebenfalls die gewünschte Anzahl Spalten und Zeilen eingeben. Um allen Spalten die gleiche Breite zu geben, wählen Sie FESTE SPALTENBREITE mit der Einstellung AUTO, dies ist auch die Standardeinstellung. Mit der Einstellung OPTIMALE BREITE: INHALT passt Word die Spaltenbreite automatisch an den Inhalt an. Die Einstellung OPTIMALE BREITE: FENSTER eignet sich dagegen nur für die Erstellung von Webseiten.

Tabelle zeichnen

Beginnen Sie immer
mit dem äußeren
Rahmen

Die zweite Möglichkeit, eine Tabelle zeichnen, aktivieren Sie ebenfalls über die Schaltfläche TABELLE. Sobald Sie auf den Befehl TABELLE ZEICHNEN geklickt haben, erscheint als Mauszeiger ein Stift und Sie können im Dokument mit gedrückter Maustaste eine Tabelle zeichnen. Beginnen Sie immer mit einem Rechteck als äußerem Rahmen, den Sie anschließend mit waagrechten und senkrechten Linien beliebig aufteilen können.

Äußerer Rahmen

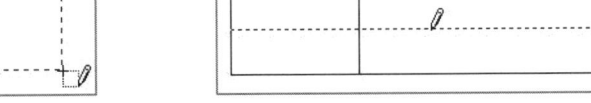

Weitere Tabellenlinien

Sobald Sie den äußeren Rahmen gezeichnet haben, erscheinen zwei neue Register ENTWURF und LAYOUT, zusammengefasst zu TABELLENTOOLS.

Register ENTWURF,
Gruppe RAHMENLINIEN
ZEICHNEN

Zum Entfernen einzelner Tabellenlinien wählen Sie im Register ENTWURF in der Gruppe RAHMENLINIEN ZEICHNEN den RADIERER aus und klicken Sie in der Tabelle auf die zu entfernenden Tabellenlinien.

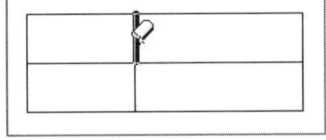

Um das Zeichnen zu beenden, drücken Sie die Esc-Taste oder klicken auf die Schaltfläche TABELLE ZEICHNEN, welche sich ebenfalls im Register ENTWURF in der Gruppe RAHMENLINIEN ZEICHNEN befindet. Mit dieser Schaltfläche können Sie auch später jederzeit wieder die Funktion ZEICHNEN aktivieren.

Text in Tabellen umwandeln

Neben diesen beiden Möglichkeiten können Sie auch nachträglich Text in eine Tabelle umwandeln. Die Aufteilung in Spalten erfolgt anhand von Absätzen, Tabstopps, Semikolons oder beliebigen anderen Trennzeichen.

Markieren Sie dazu alle entsprechenden Absätze und klicken Sie im Register EINFÜGEN, Gruppe TABELLEN auf die Schaltfläche TABELLE und wählen Sie TEXT IN TABELLE UMWANDELN....

Geben unter TEXT TRENNEN BEI das verwendete Trennzeichen an.

Text nachträglich in eine Tabelle umwandeln

Text in Tabellen eingeben

Zur Eingabe positionieren Sie den Cursor in der gewünschten Zelle. Klicken Sie dazu entweder in die Zelle oder verwenden Sie die Pfeiltasten auf der Tastatur.

Bestell-Nr.	Bezeichnung	Normalpreis	Sonderpreis
10024	Gartenbank, weiß lackiert, Modell „London" Maße: Breite 250 cm, Höhe 140 cm	EUR 255,00	EUR 199,00
10099	Gartenzwerg „Fridolin"	EUR 35,90	EUR 19,90

Beispiel: Tabelle

- Mit der Tabulator-Taste (Tab) bewegen Sie den Cursor in die nächste Zelle, mit der Eingabe-Taste fügen Sie innerhalb der Zelle einen neuen Absatz ein.

- Am Ende einer Zeile wandert durch Drücken der Tab-Taste der Cursor automatisch an den Anfang der nächsten Zeile.

- Drücken Sie am Ende der letzten Tabellenzeile die Tab-Taste, so wird eine neue Zeile an die Tabelle angefügt und Sie können mit der Eingabe fortfahren.

- Reicht die Spaltenbreite für den eingegebenen Text nicht aus, so erfolgt innerhalb der Zelle ein automatischer Zeilenumbruch, die Zeilenhöhe wird automatisch angepasst.

Tabulator-Taste: Nächste Zelle

Weitere Zeilen anfügen

Taste	Beschreibung
⇥	Nächste Zelle rechts
⇧ + ⇥	Nächste Zelle links

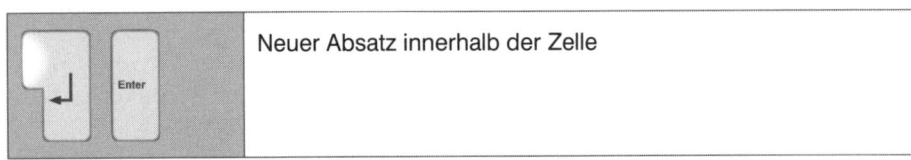

	Neuer Absatz innerhalb der Zelle

6.3. Tabellen bearbeiten

Änderungen an einer Tabelle sind jederzeit möglich: Sie können beispielsweise Spaltenbreite und Zeilenhöhe ändern, weitere Spalten und Zeilen nachträglich hinzufügen oder löschen, sowie Zellen miteinander verbinden oder teilen. Die benötigten Schaltflächen finden Sie im Register LAYOUT. Dieses erscheint, sobald Sie den Cursor in einer Tabelle platziert haben.

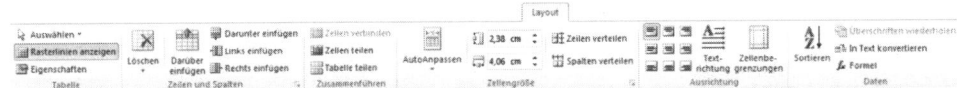

Tabelle markieren

Zum Markieren von Tabellenelementen können Sie neben den bekannten Methoden auch folgende Möglichkeiten verwenden:

Markierung	So gehen Sie vor	Mauszeiger
Eine Zeile	Klicken Sie links neben die Zeile in die Markierungsspalte	
Eine Spalte	Zeigen Sie mit der Maus auf den oberen Rand einer Spalte, und klicken Sie, wenn der Mauszeiger als Pfeil erscheint	
Eine Zelle	Zeigen Sie mit der Maus in die linke untere Ecke der Zelle und klicken Sie, wenn ein diagonaler Pfeil erscheint	
Gesamte Tabelle	Klicken Sie in der linken oberen Ecke der Tabelle auf das kleine Kästchen	

Auswählen

Register LAYOUT, Gruppe TABELLE

Mit der Maus verschieben

Eine weitere Möglichkeit finden Sie im Register LAYOUT, Gruppe TABELLE. Im Listenfeld der Schaltfläche AUSWÄHLEN können Sie entscheiden, ob die aktuell markierte Zelle, oder die Zeile, bzw. die Spalte in der sich diese Zelle befindet, oder die gesamte Tabelle markiert werden soll.

Spaltenbreite und Zeilenhöhe

Spaltenbreite und Zeilenhöhe lassen sich am einfachsten durch Verschieben mit der Maus ändern. So gehen Sie beim Ändern der Spaltenbreite vor:

1. Zeigen Sie mit der Maus auf eine Trennlinie zwischen zwei Spalten, bis als Mauszeiger ein Doppelpfeil sichtbar wird.

2. Drücken Sie nun die linke Maustaste und verschieben Sie mit gedrückter Maustaste die Linie nach links oder rechts. Bei gleichzeitig gedrückter Alt-Taste werden im Lineal auch die Maße sichtbar.

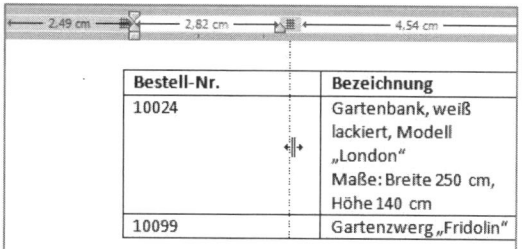

Solange Sie die Trennlinien innerhalb der Tabelle verschieben, bleibt die Breite der gesamten Tabelle unverändert, mit den beiden Linien links und rechts außen können Sie dagegen die Breite der gesamten Tabelle ändern. Die Höhe der Zeilen ändern Sie genauso. Beachten Sie aber, dass Sie immer die Linie unterhalb einer Zeile verschieben müssen.

Maße im Lineal anzeigen

Haben Sie beim Ändern von Spaltenbreite und Zeilenhöhe eine oder mehrere Zellen markiert, so beziehen sich die Änderungen nur auf diesen Zellbereich.

Benötigen Sie exakte Maße für die Tabelle, dann verwenden Sie die Felder der Gruppe ZELLENGRÖßE, Register LAYOUT um die Größe der aktuellen Zeile oder Spalte festzulegen.

Genaue Maße definieren

Die Schaltfläche AUTOANPASSEN bietet drei Möglichkeiten, die Spaltenbreite automatisch anzupassen:

Automatisches Anpassen der Spaltenbreiten

Anpassung	Bedeutung
Inhalt automatisch anpassen	Passt die Spaltenbreite automatisch an den Inhalt der Spalte an.
Fenster automatisch anpassen	Passt die Breite der gesamten Tabelle an die Breite des Fensters an. Diese Möglichkeit sollte nur für die Erstellung von Webseiten verwendet werden.
Feste Spaltenbreite	Damit können Sie die Spaltenbreite beliebig festlegen.

Tabelleneigenschaften

Spaltenbreite und Zeilenhöhe sowie Größe und Ausrichtung der gesamten Tabelle lassen sich auch über das Dialogfenster TABELLENEIGENSCHAFTEN ändern. Dieses öffnen Sie entweder über die Schaltfläche EIGENSCHAFTEN im Register LAYOUT, Gruppe TABELLE. Alternativ machen Sie einen Rechtsklick innerhalb der Tabelle und wählen aus dem Kontextmenü der rechten Maustaste den Befehl TABELLENEI-GENSCHAFTEN…. Hier können Sie über die jeweiligen Register sowohl die Eigenschaften der gesamten Tabelle, als auch die Eigenschaften von Zeilen und Spalten festlegen.

Register LAYOUT, Gruppe TABELLE

Der TEXTUMBRUCH steuert die Anordnung des übrigen Textes im Dokument. Ohne Textumbruch befindet sich der Text oberhalb und unterhalb der Tabelle, UMGE-BEND bedeutet, der Text fließt um die Tabelle herum. Mit dieser Einstellung kann nun über die Schaltfläche POSITIONIERUNG die genaue Position festgelegt werden.

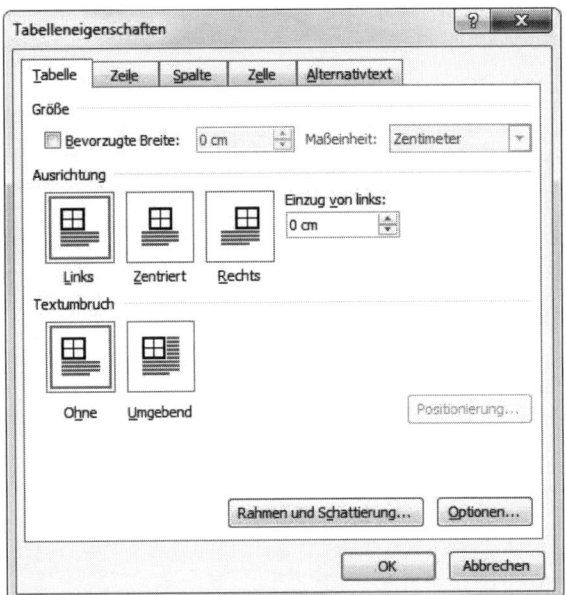

Mit der Maus verschieben

Sie können die Tabelle aber auch mit der Maus verschieben: zeigen Sie in das Kästchen in der linken oberen Ecke, und ziehen Sie die Tabelle mit gedrückter Maustaste an die gewünschte Position.

Zeilen und Spalten hinzufügen und löschen

Einfügen

Wenn Sie weitere Zeilen oder Spalten zur Tabelle hinzufügen möchten, dann achten Sie darauf, dass der Cursor innerhalb der Tabelle platziert ist und wählen Sie das Register LAYOUT, Gruppe ZEILEN UND SPALTEN.

Mit den Schaltflächen können Sie eine weitere Spalte entweder rechts oder links neben der Spalte einfügen, in der sich der Cursor gerade befindet. Genauso fügen Sie auch Zeilen oberhalb oder unterhalb der aktuellen Zeile ein.

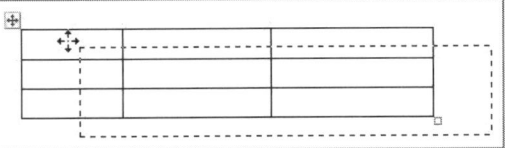

Format übernehmen

Wenn Sie eine Spalte oder Zeile einfügen, dann erhält diese automatisch das Format derjenigen Spalte bzw. Zeile, in der sich der Cursor gerade befindet.

Löschen

Zum Löschen von ganzen Zeilen genügt es, wenn sich der Cursor in der Zeile befindet. Wählen Sie nach einem Mausklick auf die Schaltfläche LÖSCHEN, Gruppe ZEILEN UND SPALTEN, das gewünschte Element aus. Hier finden Sie auch den Befehl zum Löschen der gesamten Tabelle.

Eine Tabellenzeile können Sie auch schnell mit der Korrekturtaste löschen, dazu müssen Sie die gesamte Zeile markieren.

Register LAYOUT, Gruppe ZEILEN UND SPALTEN

Zellen teilen und verbinden

Sie können auch nebeneinanderliegende Zellen verbinden, beispielsweise wenn Sie für mehrere Spalten eine gemeinsame Überschrift benötigen. Markieren Sie dazu die Zellen und klicken Sie im Register LAYOUT, Gruppe ZUSAMMENFÜHREN auf die Schaltfläche ZELLEN VERBINDEN.

Register LAYOUT, Gruppe ZUSAMMENFÜHREN

Mit der Schaltfläche ZELLE TEILEN können Sie dagegen eine Zelle in mehrere Zellen aufteilen. Geben Sie die benötigte Anzahl Zeilen oder Spalten an.

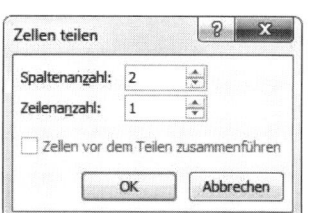

Tabelle sortieren

Tabelleninhalte lassen sich schnell in alphabetischer oder numerischer Reihenfolge sortieren. Klicken Sie dazu in eine beliebige Zelle der Tabelle oder markieren Sie die gesamte Tabelle und klicken Sie in der Gruppe DATEN, Register LAYOUT, auf die Schaltfläche SORTIEREN.

Register LAYOUT, Gruppe DATEN

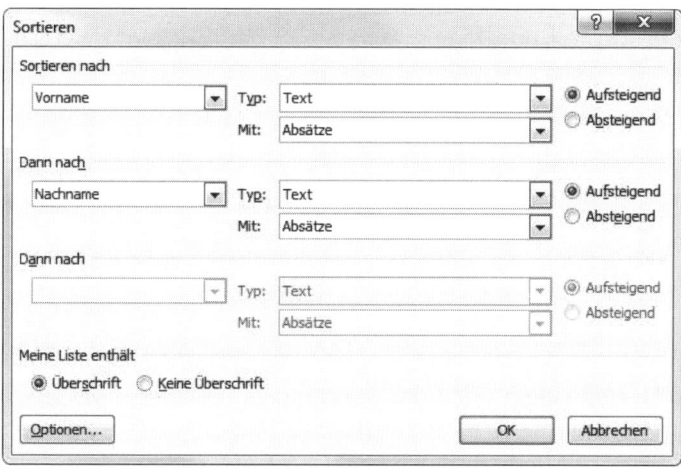

1. Legen Sie zunächst unter MEINE LISTE ENTHÄLT fest, ob die erste Zeile Ihrer Tabelle Überschriften enthält, die nicht mit sortiert werden sollen.

2. Wählen Sie dann unter SORTIEREN NACH die gewünschten Sortierkriterien (maximal drei) und legen Sie die Sortierreihenfolge (aufsteigend oder absteigend) fest.

3. Der Typ, Text, Zahl oder Datum, richtet sich nach dem Inhalt der Spalte und wird von Word normalerweise automatisch erkannt.

Optionen

Neben der Sortierung bietet die Gruppe DATEN im Register LAYOUT noch weitere nützliche Optionen an:

Erstreckt sich Ihre Tabelle über mehrere Druckseiten, so veranlassen Sie mit der Schaltfläche ÜBERSCHRIFTEN WIEDERHOLEN, dass die Spaltenüberschriften auf jeder Seite gedruckt werden.

Überschriften auf jeder Druckseite wiederholen

Mit der Schaltfläche IN TEXT KONVERTIEREN wandeln Sie eine Tabelle nachträglich in normalen Text um. Legen Sie die gewünschten Trennzeichen, Absätze Tabstopps oder Semikolons (;) fest.

6.4. Tabelle formatieren

Zum Formatieren von Tabellen können Sie alle Formatierungsmöglichkeiten von Word verwenden. Hinzu kommen noch einige Besonderheiten der Tabellenformatierung.

Vorlagen verwenden

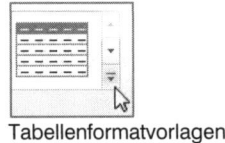

Tabellenformatvorlagen

Am schnellsten formatieren Sie eine Tabelle mit Hilfe der Vorlagen im Register ENTWURF. Mit einem Mausklick auf den Pfeil öffnen Sie in der Gruppe TABELLEN-FORMATVORLAGEN eine Auswahl verschiedener Vorlagen.

In der Gruppe OPTIONEN FÜR TABELLENFORMAT können Sie wählen, ob aus der gewählten Vorlage auch Sonderformate, beispielsweise für Überschriftzeilen, erste oder letzte Spalte übernommen werden sollen.

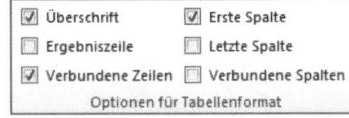

Rahmenlinien zeichnen

Siehe Lektion 4.5, Rahmen und Schattierung

Bei der Formatierung mit Rahmenlinien und Schattierung verfahren Sie in Tabellen genauso wie in Lektion 4 beschrieben. Eine zusätzliche Möglichkeit steht Ihnen mit der Gruppe RAHMENLINIEN ZEICHNEN im Register ENTWURF zur Verfügung.

1. Wählen Sie Linienart, Linienbreite und Linienfarbe aus.

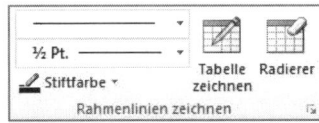

2. Zeichnen Sie mit gedrückter Maustaste Linien in der Tabelle.

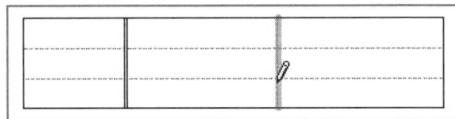

Rasterlinien anzeigen

Rasterlinien anzeigen

Standardmäßig erhält eine Tabelle beim Einfügen gleichzeitig Rahmenlinien. Diese Rahmen erscheinen auch auf dem Ausdruck. Sie können jedoch eine Tabelle ohne Rahmenlinien drucken, dies legen Sie über die Formatierung fest. Um dennoch die Tabellen- und Zellbegrenzung auf dem Bildschirm anzuzeigen, blenden Sie die Rasterlinien ein. Diese erscheinen nicht auf dem Ausdruck, werden aber zur Änderung der Spaltenbreite mit der Maus benötigt. Benutzen Sie dazu im Register LAYOUT, Gruppe TABELLE die Schaltfläche RASTERLINIEN ANZEIGEN.

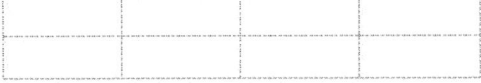

Ausrichtung

Neben den Möglichkeiten der horizontalen Ausrichtung können Sie in einer Tabelle die Inhalte auch noch vertikal ausrichten sowie die Textrichtung ändern. Klicken Sie dazu im Register LAYOUT, Gruppe AUSRICHTUNG, auf das entsprechende Symbol. Mit der Schaltfläche TEXTRICHTUNG werden die Zeichen um 90 Grad gedreht.

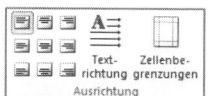

Register LAYOUT,
Gruppe AUSRICHTUNG

6.5. Zusammenfassung

- Mit Tabstopps lassen sich während der Eingabe schnell Texte in Spalten untereinander ausrichten. Word verfügt dazu über linksbündige Standardtabstopps im Abstand von je 1,25 cm, die Sie mit der Tabulatortaste anspringen. Wie alle anderen nicht druckbaren Zeichen, beispielsweise Absatzende oder Leerzeichen, können auch Tabulatorzeichen auf dem Bildschirm angezeigt oder gelöscht werden.

- Sie können mit Hilfe des Lineals eigene Tabstopps mit unterschiedlichen Ausrichtungen festlegen und die Abstände bis zum nächsten Tabstopp mit Füllzeichen auffüllen lassen. Tabstopps beziehen sich immer auf Absätze, so dass Sie beim nachträglichen Verschieben darauf achten müssen, alle Absätze zu markieren.

- Tabellen haben gegenüber Tabstopps viele Vorteile. Sie können die Spaltenbreiten und Zeilenhöhe nachträglich problemlos ändern, einzelne Spalten schnell markieren und die horizontale und vertikale Ausrichtung ändern. Neben den allgemeinen Formatierungsmöglichkeiten von Word können Sie Rahmenlinien zeichnen oder verschiedene integrierte Formatvorlagen verwenden.

- Eine Tabelle können Sie entweder einfügen, zeichnen oder bestehenden Text nachträglich in eine Tabelle umwandeln. Bei der Eingabe verwenden Sie die Tabulatortaste: damit gelangen Sie nicht nur zur nächsten Zelle, sondern fügen während der Eingabe weitere Zeilen an die Tabelle an. Innerhalb einer Zelle erfolgt ein automatischer Zeilenumbruch, bzw. haben Sie auch die Möglichkeit mit der Eingabe-Taste einen neuen Absatz zu beginnen.

6.6. Übung

Aufgabe 1

Erstellen Sie ein neues Dokument, das Sie unter dem Namen Preisliste-1 speichern. Geben Sie eine Preisliste nach dem folgenden Muster ein:

```
Büroklammern, farbig 100 St. ............................................................1,99
Rotstifte...........................................................................................1,20
Papierkorb, Edelstahl......................................................................31,50
Drehstuhl ......................................................................................129,00
```

Lösungshinweise

Achten Sie beim Setzen des Tabstopps darauf, dass sich der Cursor im richtigen Absatz befindet.

- Mit einem Doppelklick auf das Lineal an der gewünschten Position öffnen Sie das Dialogfenster TABSTOPPS.

- Wählen Sie als Ausrichtung rechtsbündig oder dezimal, legen Sie Punkte als Füllzeichen fest und bestätigen Sie mit OK.

- Nun können Sie mit der Eingabe beginnen, nach dem Drücken der Tabulator-Taste erscheinen die Füllzeichen. Durch Drücken der Eingabe-Taste übernehmen Sie den Tabstopp auch in die nachfolgenden Absätze.

- Wenn Sie nach Eingabe der Liste den Tabstopp nicht mehr benötigen, dann ziehen Sie die Tabstoppmarke aus dem Lineal heraus nach unten. Achten Sie auch hier wieder darauf, dass sich der Cursor im richtigen Absatz befindet.

Bemerkungen:

Aufgabe 2

Öffnen Sie ein neues Dokument und speichern Sie das Dokument unter dem Namen Tagungsprogramm. Fügen Sie eine Tabelle ein, die Sie entsprechend der Abbildung gestalten. Beachten Sie die folgenden Vorgaben:

- Die erste Zeile, sowie die Zeile Mittagspause erhalten beliebige Zeilenhöhe, alle übrigen Zeilen erhalten eine einheitliche Zeilenhöhe von 1,4 cm.

- Alle Zellinhalte werden vertikal zentriert.

Tagungsprogramm

Montag	Dienstag	Mittwoch
9:00 – 11:00 Begrüßung und Vorstellung	9:00 – 9:45 Fachvortrag Dr. Hackebeil „Richtiges Holzhacken"	9:00 – 12.00 Kurse und Workshops
11:15 – 12:30 Fachvortrag Prof. Dr. Brösig	10:00 – 12:30 Kurse und Workshops	12:00 – 13:00 Abschlußvortrag
12:30 – 13:30 Mittagspause		
13:30 – 16:00 Kurse und Workshops	13:30 – 15:00 Diskussion	
	15:00 – 18:00 Fachausstellung	
20:00 – 22:00 Infoabend	18:00 – 21:15 Infoabend	

Lösungshinweise

- Beginnen Sie mit dem Einfügen einer Tabelle, bestehend aus drei Spalten und ein oder zwei Zeilen. Verwenden Sie Spaltenbreite Automatisch, damit erhalten bereits alle Spalten die gleiche Breite.

- Geben Sie anschließend die Inhalte ein.

- Markieren Sie nun alle Zeilen ab der zweiten Zeile und legen Sie als Zeilenhöhe 1,4 cm fest.

- Jetzt verbinden Sie die Zellen für die Mittagspause, sowie die beiden Zellen in der ersten Spalte und ändern die Zeilenhöhe für die erste und vierte Zeile. Formatieren Sie noch diese beiden Zeilen mit grauer Schattierung.
- Zuletzt aktivieren Sie den Radierer und radieren die Linien in der rechten unteren Ecke weg.

Bemerkungen:

_____

_____

_____

Aufgabe 3

Erstellen Sie ein weiteres neues Dokument und speichern Sie das Dokument unter dem Namen Preisliste-2. Fügen Sie eine Tabelle ein, die Sie entsprechend der Abbildung unten gestalten. Mit Ausnahme der beiden ersten Spalten erhalten alle anderen Spalten die gleiche Breite.

Preisliste		Bodenbeläge Preise pro m²					
		Parkett			Laminat		
		3,5 mm	5 mm	6 mm	2 mm	2,5 mm	3 mm
Landhaus	Buche						
	Birke						
	Ahorn						
	Eiche						
	Esche						
	Kirsche						
Schiffsboden	Walnuss						
	Eiche						
	Buche						
	Birke						
	Kiefer						
	Fichte						

Lösungshinweise

- Auch hier beginnen Sie am einfachsten mit dem Einfügen einer Tabelle mit 8 Spalten und einigen Zeilen. Anschließend geben Sie die Inhalte ein.
- Bevor Sie Zellen verbinden, sollten Sie die letzten 6 Spalten mit einheitlicher Spaltenbreite formatieren und die Breite für Spalte eins und zwei festlegen.
- Verbinden Sie dann in der ersten Spalte die Zellen und ändern die Textrichtung in senkrecht, ebenso verbinden Sie die Zellen der Überschriftzeilen.
- Radieren Sie die Linien in der linken oberen Ecke und formatieren Sie die übrige Tabelle mit doppelten und gestrichelten Linien, in diesem Fall am einfachsten durch Zeichnen.
- Formatieren Sie nun noch die Tabelle mit Schattierung.

Bemerkungen:

_____

_____

_____

7. Grafik und Zeichnungsobjekte einfügen

In dieser Lektion lernen Sie

- ClipArt und Bilder in ein Word-Dokument einfügen
- Grafik im Text platzieren
- Arbeiten mit Textfeldern und Zeichnungselementen

Was Sie für diese Lektion wissen sollten

- Zeichen- und Absatzformate

Sie können in ein Dokument Grafikobjekte einfügen, dazu gehören beispielsweise Fotos, Grafiken oder Zeichnungselemente. Sobald ein Grafikobjekt markiert ist, steht das Register FORMAT zur Bearbeitung zur Verfügung. Bei der Positionierung unterscheidet Word nicht zwischen den Objektarten, so dass Sie die beschriebenen Methoden auf alle Objekte anwenden können. Die Schaltflächen zum Einfügen finden Sie im Register EINFÜGEN in den Gruppen ILLUSTRATIONEN und TEXT.

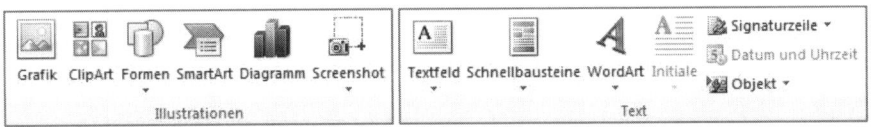

7.1. Grafik einfügen

Bilder aus Datei einfügen

Grafik

Register EINFÜGEN,
Gruppe ILLUSTRATIONEN

Verwenden Sie die Schaltfläche GRAFIK im Register EINFÜGEN, Gruppe ILLUSTRATIO-NEN, wenn Sie Bilder in ein Dokument einfügen wollen, die als Datei auf der Festplatte Ihres Computers gespeichert sind. Dies können Fotos oder andere Grafikdateien sein. Standardmäßig wird beim Öffnen des Dialogfensters GRAFIK EINFÜGEN der Inhalt des Ordners EIGENE BILDER angezeigt.

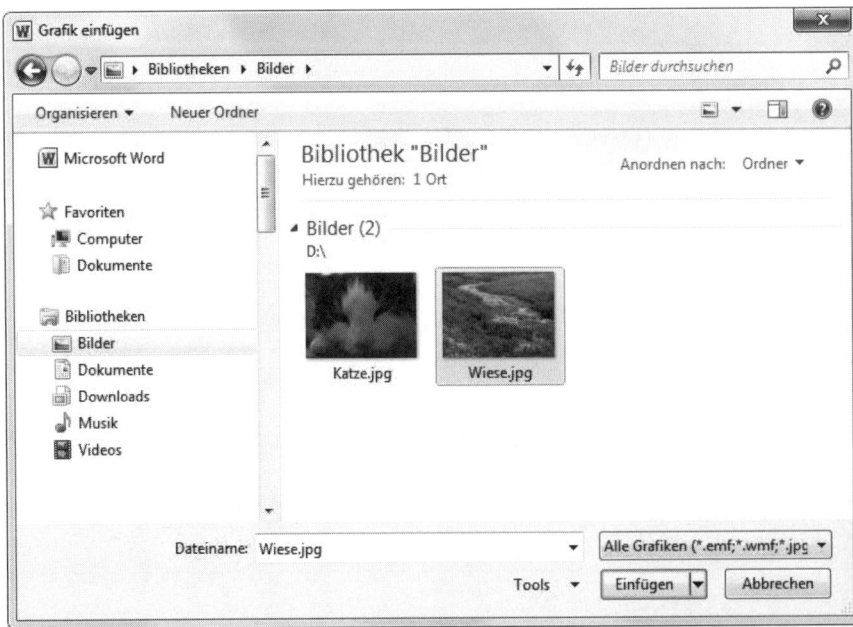

Wählen Sie den Ordner, in dem sich die Grafik befindet, markieren Sie die gewünschte Grafik und klicken Sie dann auf die Schaltfläche EINFÜGEN. Die Grafik wird an der Cursorposition in das Dokument eingefügt.

ClipArt einfügen

ClipArts sind eine in Microsoft Office enthaltene Sammlung von Grafiken und Fotos, die Sie zu privaten Zwecken in Ihren Dokumenten verwenden können. Ist Ihr Computer mit dem Internet verbunden, so können über das Kontrollkästchen OFFICE.COM-INHALTE BERÜCKSICHTIGEN online verfügbare Grafiken in die Suche mit einbezogen werden.

Register EINFÜGEN,
Gruppe ILLUSTRATIONEN

1. Klicken Sie im Register EINFÜGEN, Gruppe ILLUSTRATIONEN auf die Schaltfläche CLIPART. Damit öffnet Word einen Aufgabenbereich am rechten Bildschirmrand.

2. Geben Sie im Feld SUCHEN NACH einen oder auch mehrere Suchbegriffe ein.

3. Im Listenfeld ERGEBNISSE können Sie den Typ eingrenzen, beispielsweise Illustrationen (Grafik) oder Fotos. Klicken Sie auf die Schaltfläche OK, um die Suche zu starten.

4. Die Suchergebnisse werden als Vorschau angezeigt. Mit einem Mausklick in das Bild wird die Grafik an der Cursorposition im Dokument eingefügt.

Screenshots einfügen

Sie können auch, beispielsweise zu Erklärungszwecken, den Inhalt Ihres Bildschirmes, einen so genannten Screenshot, in das Dokument einfügen. Klicken Sie dazu im Register EINFÜGEN, Gruppe ILLUSTRATIONEN, auf die Schaltfläche SCREENSHOT und wählen Sie das Fenster, welches Sie einfügen möchten. Alternativ können Sie durch Klick auf BILDSCHIRMAUSSCHNITT auch einen beliebigen rechteckigen Bereich des Bildschirminhalts auswählen.

7.2.   Grafik bearbeiten

Grafik markieren

Vor jeder weiteren Bearbeitung müssen Sie eine Grafik markieren, dazu genügt ein Mausklick in das Bild. Eine markierte Grafik erkennen Sie an den Markierungspunkten in den Ecken und der Mitte jeder Seite.

Die markierte Grafik bearbeiten

Sobald Sie eine Grafik markiert haben, steht Ihnen das Register BILDTOOLS - FOR-MAT zur weiteren Bearbeitung zur Verfügung.

Größe ändern

Die Größe der markierten Grafik ändern Sie am einfachsten mit der Maus. Sobald Sie auf einen der Eckpunkte zeigen, erscheint ein Doppelpfeil und Sie können mit gedrückter linker Maustaste die Grafik in die gewünschte Größe ziehen.

Weitere Möglichkeiten bietet das Register BILDTOOLS - FORMAT, Gruppe GRÖSSE. Hier können Sie die Größe exakt in Zentimeter angeben, alternativ verwenden Sie die kleinen Pfeile zum Ändern der Größe.

Achten Sie darauf, dass das Seitenverhältnis beibehalten wird

Wenn Sie ausschließlich die Eckpunkte zur Größenänderung benutzen, dann wird das ursprüngliche Seitenverhältnis beibehalten. Die Markierungspunkte in der Mitte einer Seite lassen dagegen nur horizontale oder vertikale Änderungen zu, auf diese Weise wird das Bild verzerrt.

Bild zuschneiden

Register FORMAT, Gruppe GRÖSSE

Wollen Sie das Bild nicht verkleinern, sondern einen Teil des Bildes abschneiden, dann verwenden Sie dazu die Schaltfläche ZUSCHNEIDEN. Der Mauszeiger nimmt die Form einer Schere an und Sie können mit gedrückter Maustaste das Bild an den gekennzeichneten Stellen zuschneiden.

Alternativ können Sie über den Dropdown-Pfeil der Schaltfläche ZUSCHNEIDEN auswählen, ob Sie die Grafik auf eine bestimmte Form zuschneiden wollen oder ob die Grafik ein bestimmtes Seitenverhältnis annehmen soll.

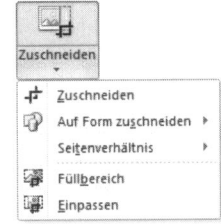

Originalbild   ZUSCHNEIDEN   AUF FORM ZUSCHNEIDEN   SEITENVERHÄLTNIS

Dialogfenster Layout

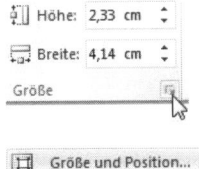

Das Dialogfenster LAYOUT öffnen

Alle Möglichkeiten der Größenänderung finden Sie auch im Dialogfenster LAYOUT im Register GRÖSSE, das Sie über einen Mausklick auf das Pfeilsymbol der Gruppe GRÖSSE oder über den Befehl GRÖSSE UND POSITION… aus dem Kontextmenü der rechten Maustaste erreichen.

- Unter SKALIERUNG können Sie eine prozentuale Größenänderung angeben.

- Das Kontrollkästchen SEITENVERHÄLTNIS SPERREN sorgt dafür, dass dabei das ursprüngliche Verhältnis von Breite und Höhe beibehalten wird.

- Die Schaltfläche ZURÜCKSETZEN nimmt alle Änderungen zurück, die Grafik erhält wieder die Originalgröße.

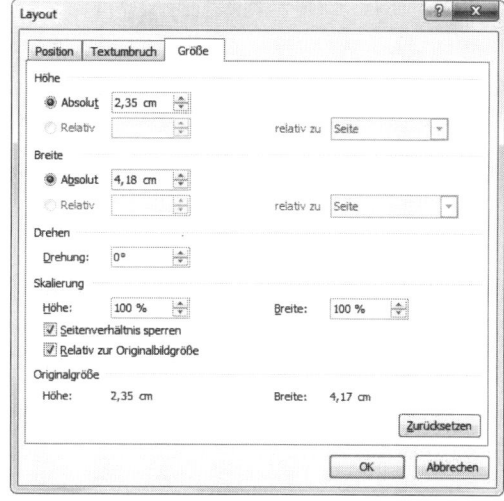

Grafik anpassen

Das Register BILDTOOLS - FORMAT enthält in der Gruppe ANPASSEN mehrere Befehlsschaltflächen, über die das markierte Bild noch weiter bearbeitet werden kann. So können Sie Bildkorrekturen vornehmen, den Farbton ändern, sowie Effekte hinzufügen.

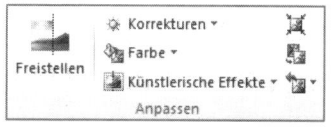

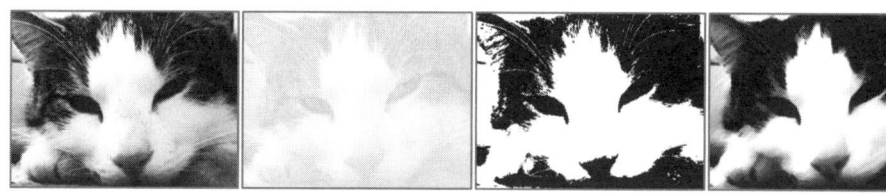

Beispiele: Korrekturen, Farbveränderungen, Künstlerische Effekte

Die Gruppe BILDFORMATVORLAGEN (Register BILDTOOLS - FORMAT) bietet Ihnen auch verschiedene Vorlagen zur Gestaltung an. Weitere Effekte, beispielsweise Schatten, Spiegelungen und Rahmen stehen über die Schaltfläche BILDEFFEKTE zur Verfügung.

Bilder mit Effekten versehen

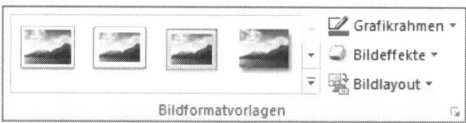

7.3. Grafik positionieren

Bild verschieben

Verschieben

Zum Verschieben des Bildes an eine andere Stelle des Dokuments zeigen Sie mit der Maus in das Bild. Am Mauszeiger werden vier Richtungspfeile sichtbar und Sie können nun mit gedrückter linker Maustaste das Bild im Text verschieben. Sie können aber auch das Bild mit der Schaltfläche oder der Tastenkombination Strg + X in die Zwischenablage ausschneiden und an anderer Stelle entweder mit der Schaltfläche oder den Tasten Strg + V wieder einfügen.

Zeilenumbruch

Grafik im Text positionieren

Standardmäßig behandelt Word ein Bild wie normalen Text. Das Bild wird an der Cursorposition eingefügt und gehört zu einem Absatz. Damit erhält es auch automatisch dessen Einzug und Ausrichtung, der Zeilenabstand vergrößert sich entsprechend der Bildgröße.

Mit dem Zeilenumbruch steuern Sie die Anordnung von Text und Grafik im Dokument. Ein Klick auf die Schaltfläche ZEILENUMBRUCH in der Gruppe ANORDNEN (Register BILDTOOLS - FORMAT) öffnet ein Auswahlfeld mit verschiedenen Umbrucharten.

Die wichtigsten Umbrucharten im Überblick:

Umbruch	Bedeutung	Beispiel
Mit Text in Zeile	Die Grafik wird wie normaler Text behandelt und formatiert, dies ist auch die Standardeinstellung.	
Quadrat	Der Text fließt in Rechteckform um die Grafik herum und passt sich auch beim Verschieben der Grafik automatisch an.	
Passend	Bei entsprechender Grafik passt sich der Text der Form der Grafik an.	
Hinter den Text	Damit wird die Grafik hinter den Text gelegt. Um die Lesbarkeit zu gewährleisten, sollten Helligkeit, bzw. Farbe der Grafik entsprechend angepasst werden.	
Vor den Text	Die Grafik wird über den Text gelegt und kann diesen verdecken. Diese Einstellung eignet sich am besten in einem Dokument mit ausreichend Leerräumen und verhindert, dass sich der Textumbruch beim Verschieben der Grafik ebenfalls ändert.	

Mit dem Befehl WEITERE LAYOUTOPTIONEN... öffnen Sie das Dialogfenster LAYOUT im Register TEXTUMBRUCH. Wenn Sie als Umbruchart RECHTECK oder PASSEND gewählt haben, dann können Sie unter TEXTFLUSS auch noch steuern, auf welcher Seite der Text die Grafik umfließen soll.

Die Position der Grafik innerhalb einer Seite können Sie mit der Schaltfläche POSI-TION im Register FORMAT, Gruppe ANORDNEN steuern.

Vertikale und horizontale Position

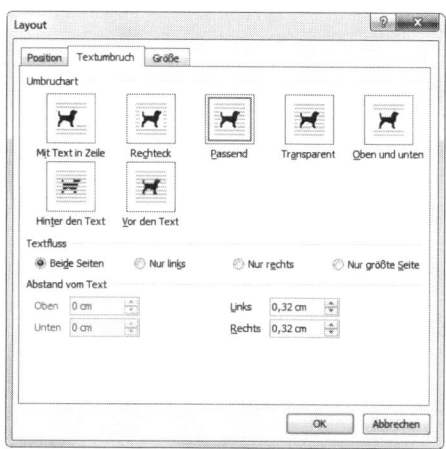

Textumbruch und Textfluss

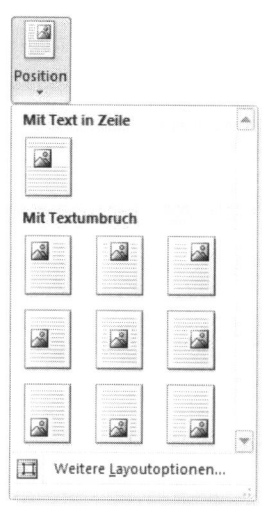

Position innerhalb der Seite

Bild drehen

Der grüne Punkt über dem markierten Bild dient dazu, das Bild frei zu drehen. Sobald Sie auf den Punkt zeigen, erscheint der Mauszeiger als Drehpfeil. Mit gedrückter linker Maustaste kann das Bild nun belie-big gedreht werden.

Soll das Bild exakt um 90 Grad gedreht oder spiegel-verkehrt dargestellt werden, dann verwenden Sie da-zu besser die Schaltfläche DREHEN (Register FORMAT, Gruppe ANORDNEN).

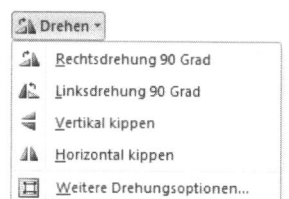

7.4. Zeichnungselemente

Zeichnungselemente einfügen

Im Register EINFÜGEN, Gruppe ILLUSTRATIONEN, finden Sie die Befehlsschaltfläche FORMEN. Damit können Sie verschiedene Zeichnungselemente in ein Dokument einfügen. Mit einem Mausklick auf die Schaltfläche öffnen Sie ein Auswahlfeld.

Register EINFÜGEN, Gruppe ILLUSTRATIONEN

1. Zum Einfügen klicken Sie auf das gewünschte Element, im Dokument nimmt der Mauszeiger die Form eines Fadenkreuzes an.

2. Klicken Sie nun mit der Maus an die gewünschte Stelle des Dokuments, damit wird das Zeichnungsobjekt in der Standardgröße und -form eingefügt

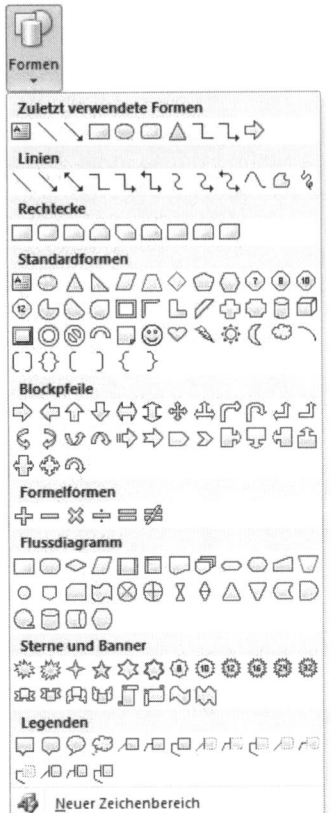

Sie können ein Objekt aber auch beim Einfügen in beliebiger Größe zeichnen. Dazu beginnen Sie an einem der Eckpunkte, drücken die linke Maustaste und ziehen mit gedrückter Maustaste in diagonaler Richtung, bis das Objekt die gewünschte Größe und Form hat.

 **Kreis zeichnen mit gedrückter Umschalt-Taste**

Möchten Sie statt einer Ellipse einen exakten Kreis zeichnen, dann halten Sie zusätzlich während des Zeichnens die Umschalt-Taste der Tastatur gedrückt. Gleiches gilt auch, wenn Sie anstelle eines Rechtecks mit beliebigen Proportionen ein Quadrat zeichnen wollen.

Siehe Lektion 7.2, Größe ändern

Größe und Position eines Zeichnungsobjektes können Sie jederzeit ändern:
Dazu müssen Sie das Objekt zuerst mit einem Mausklick markieren. Am markierten Objekt werden Markierungs- oder Ziehpunkte sichtbar.

- Der Mauszeiger erscheint als Doppelpfeil, sobald Sie auf einen der Eck- oder Seitenpunkte zeigen. Zum Ändern der Größe ziehen Sie einfach mit gedrückter Maustaste in die gewünschte Richtung.

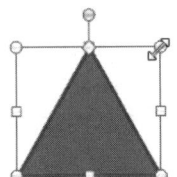

- Zeigen Sie dagegen direkt in das Element, so erscheinen am Mauszeiger vier Richtungspfeile und Sie können das Element mit gedrückter Maustaste an eine beliebige Position verschieben.

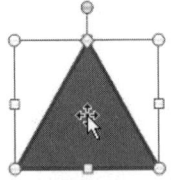

Sobald Sie ein Zeichnungselement markiert haben, steht Ihnen das Register ZEICHENTOOLS - FORMAT zur weiteren Bearbeitung zur Verfügung.

Text hinzufügen

Die meisten Zeichnungselemente können Sie auch mit einer Beschriftung versehen. Klicken Sie dazu mit der rechten Maustaste auf das Element und wählen Sie aus dem Kontextmenü den Befehl TEXT HINZUFÜGEN. Der Cursor erscheint innerhalb des Objekts und Sie können nun Text eingeben.

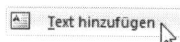
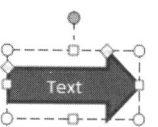

Zeichnungsobjekte formatieren

In der Gruppe FORMENARTEN, Register ZEICHENTOOLS - FORMAT, finden Sie verschiedene Formatvorlagen, mit denen Sie schnell die Formatierung eines Zeichnungsobjekts vornehmen, bzw. ändern können. Mit den Schaltflächen FÜLLEFFEKT, FORMKONTUR und FORMEFFEKTE stehen Ihnen aber auch individuelle Gestaltungsmöglichkeiten zur Verfügung.

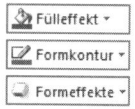

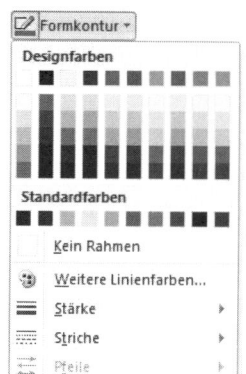

Siehe Lektion 4.6, Designfarben

Über die Schaltfläche FÜLLEFFEKTE können Sie einem Zeichnungselement neben den Designfarben auch ein Bild oder verschiedene Farbverläufe als Füllung zuweisen.

Textfelder

Mit Hilfe von Textfeldern können Sie Texte an beliebigen Stellen eines Dokuments platzieren. Zum Einfügen eines Textfelds klicken Sie im Register EINFÜGEN, Gruppe TEXT, auf die Schaltfläche TEXTFELD. Word öffnet nun eine Liste mit verschiedenen Standardformen, durch Anklicken einer Vorlage wird das Textfeld automatisch an der entsprechenden Position eingefügt, Sie brauchen nur noch den Text hinzufügen. Textfelder können Sie wie Zeichnungsobjekte verschieben, vergrößern und verkleinern sowie mit den Formatierungen aus dem Register ZEICHENTOOLS - FORMAT versehen. Innerhalb eines Textfeldes können Sie alle Zeichen- und Absatzformatierungen sowie Tabellen verwenden.

Register EINFÜGEN, Gruppe TEXT

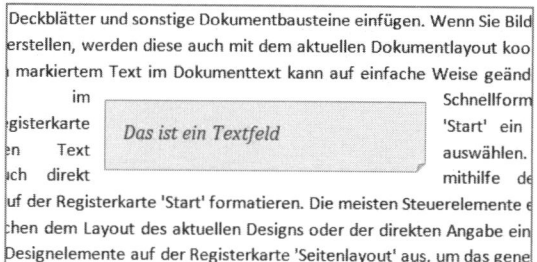

Beispiel: Textfeld mit umfließendem Text

Mit der Schaltfläche ZEILENUMBRUCH in der Gruppe ANORDNEN im Register ZEICHEN-TOOLS - FORMAT können Sie, wie für alle Zeichnungsobjekte, den Textfluss des umgebenden Dokuments steuern. Die Textausrichtung innerhalb des Textfeldes ändern Sie mit den Schaltflächen der Gruppe TEXT.

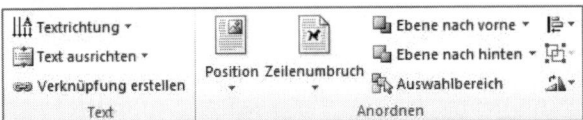

WordArt

Register EINFÜGEN, Gruppe TEXT

Im Gegensatz zur Schaltfläche TEXTEFFEKTE im Register START, können Sie im Register EINFÜGEN, Gruppe TEXT, mit der Schaltfläche WORDART beliebige Textelemente zwar mit den gleichen Effekten, aber als Zeichnungsobjekt einfügen.

Dieser Text wird wie eine Grafik oder ein Zeichnungselement behandelt und kann entsprechend positioniert und bearbeitet werden.

Markieren Sie dazu den Text, klicken auf die Schaltfläche WORDART im Register EINFÜGEN, Gruppe TEXT und wählen Sie die gewünschte Formatierung.

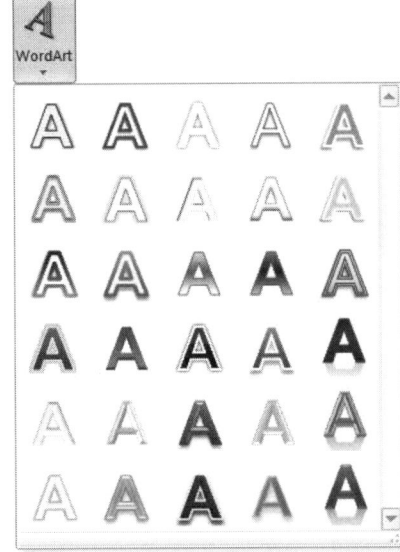

Zur späteren Anpassung der Formatierung können Sie die Schaltflächen TEXTFÜLLUNG, TEXTKONTUR und TEXTEFFEKTE im Register ZEICHENTOOLS - FORMAT, Gruppe WORDART-FORMATE verwenden.

7.5. Zusammenfassung

- Über das Register EINFÜGEN können Sie Grafik und Zeichnungsobjekte in Ihr Dokument einfügen. Sie können dabei Bilder, die bereits als Datei auf Ihrer Festplatte gespeichert sind oder die integrierte ClipArt-Sammlung von Word verwenden. Auch beim Einfügen von Zeichnungselementen können Sie auf eine Vielzahl von Formen zurückgreifen, die Sie anschließend nur noch formatieren brauchen.

- Zum Markieren eines Objekts genügt ein Mausklick, Sie erkennen markierte Objekte an der Umrandung. Die Markierungspunkte verwenden Sie zur Größenänderung mit der Maus. Damit das ursprüngliche Seitenverhältnis beibehalten wird, sollten Sie dazu nur die Eckpunkte verwenden. Der grüne Punkt erlaubt freies Drehen mit der Maus.

- Weitere einfache Möglichkeiten der Bearbeitung sind Zuschneiden sowie Farbanpassungen und Korrekturen. Mit Hilfe integrierter Bildformatvorlagen stehen Ihnen noch zusätzlich verschiedene Effekte zur Verfügung.

- Bilder und ClipArt-Grafik werden an der Cursorposition in einen Absatz einge-fügt und zunächst wie Text behandelt. Damit Sie eine Grafik im Dokument be-liebig platzieren können, müssen Sie über den Textumbruch festlegen, ob der übrige Text beispielsweise um die Grafik herum fließen soll.

- Zeichnungselemente fügen Sie über die Schaltfläche FORMEN in Ihr Dokument ein. Wie Grafiken, so lassen sich auch Zeichnungselemente mit der Maus ver-kleinern, vergrößern, oder an eine beliebige Position verschieben. Auch sie können noch mit verschiedenen Effekten versehen werden.

- Textfelder und WordArt-Objekte werden ebenfalls wie Zeichnungselemente behandelt. Mit ihrer Hilfe können Sie Texte verschieben und an beliebiger Stel-le des Dokuments platzieren.

7.6. Übung

Aufgabe

Beginnen Sie mit einem neuen, leeren Dokument und speichern Sie das Doku-ment unter dem Namen Rezept-Bärlauchnudeln.

- Geben Sie den Text für das nachfolgende Rezept ein und gestalten Sie das Dokument ähnlich der Vorlage.

- Fügen Sie eine ClipArt Grafik ein, die Sie neben den Zutaten platzieren. Am besten eignet sich dafür die Umbruchart VOR DEN TEXT.

- Für die Überschrift verwenden Sie WordArt.

Das Ergebnis könnte etwa so aussehen:

Bandnudeln mit Bärlauch

(für 4 Personen)

400g breite Bandnudeln
100g Schwarzwälder Schinken,
1 Bund Bärlauch
100g Creme fraiche
Butter
Salz, Pfeffer

Tipp:
Eventuell noch eine halbe Chilischote zugeben.

Den Schinken würfeln und den Bärlauch waschen, abtropfen lassen und grob hacken. Die Bandnudeln nach Vorschrift kochen und abtropfen lassen. In der Zwischenzeit in einer Pfanne die Butter aufschäumen lassen und den Schinken darin leicht anbraten. Dann den Bärlauch dazugeben und bei geringer Hitze kurz andünsten lassen. Die Creme fraiche unterrühren und kurz aufkochen lassen, mit Salz und Pfeffer abschmecken. Dann die Bandnudeln untermischen und durch schwenken.

Auf vorgewärmten Tellern servieren

Guten Appetit!

Bemerkungen:

_____

_____

_____

8. Textelemente einfügen

In dieser Lektion lernen Sie

- Kopf- und Fußzeilen
- Schnellbausteine einfügen und verwenden
- Word-Dokumente einfügen

Was Sie für diese Lektion wissen sollten

- Texteingabe und Textformatierung

Wiederverwendbare
Textelemente

Word verfügt über einen Baustein-Katalog zum Speichern wiederverwendbarer Textelemente. Sie können in diesem Katalog eigene Inhalte (als Schnellbausteine oder AutoText) speichern oder die integrierten Bausteine verwenden. Dazu zählen etwa die Dokumenteigenschaften oder Seitenzahlen, die Sie in Kopf- und Fußzeilen einfügen können.

8.1. Schnellbausteine und AutoText

AutoText:
eigene Inhalte
speichern

In vielen Dokumenten werden gleichbleibende Standardtexte benötigt. Damit Sie diese Texte nicht immer wieder neu eingeben oder über die Zwischenablage einfügen müssen, können Sie diese als Schnellbausteine oder AutoText speichern und beliebig oft in Dokumente einfügen. Bausteine können nicht nur reinen Text, sondern auch Formatierungen, Grafiken oder Tabellen enthalten. Mit einem Mausklick auf die Schaltfläche SCHNELLBAUSTEINE erscheint eine Liste der vorhandenen Schnellbausteine.

Baustein einfügen

Klicken Sie im Register EINFÜGEN auf die Schaltfläche SCHNELLBAUSTEINE.

Register EINFÜGEN,
Gruppe TEXT

Es erscheint eine Liste der verfügbaren Schnellbausteine. Mit einem Mausklick auf den gewünschten Eintrag wird der Schnellbaustein an der Cursorposition im Dokument eingefügt.

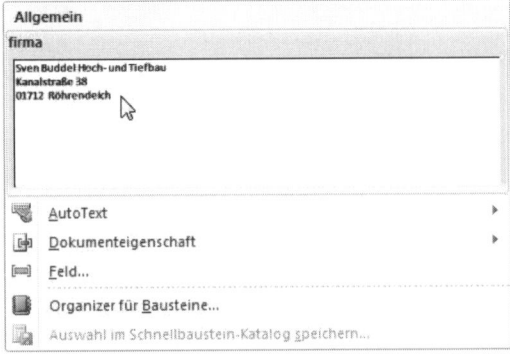

Eine zweite Möglichkeit stellt der AutoText-Katalog dar. Dieser Katalog erscheint, wenn Sie mit der Maus auf AUTOTEXT zeigen. Klicken Sie wieder zum Einfügen auf den gewünschten Eintrag.

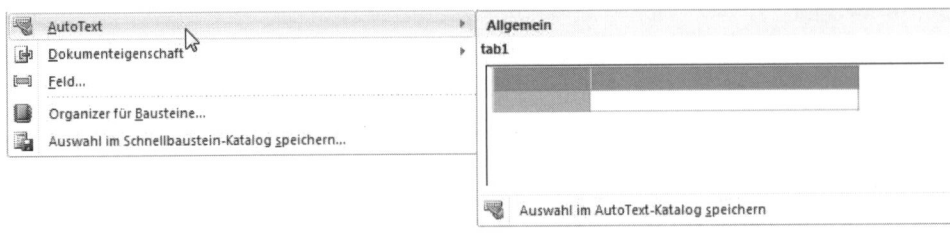

Als dritte Alternative können Sie auch den Namen des Bausteins im Dokument eingeben und anschließend die Funktionstaste F3 drücken.

Baustein speichern

1. Um einen neuen Baustein zu erstellen, geben Sie den Text zunächst in ein beliebiges Dokument ein. Sie können natürlich auch Text aus einem bereits gespeicherten Dokument verwenden.

2. Markieren Sie anschließend den gesamten Textbereich, den Sie speichern möchten und klicken Sie im Register EINFÜGEN, Gruppe TEXT auf die Schaltfläche SCHNELLBAUSTEINE.

- Klicken Sie auf AUSWAHL IM SCHNELLBAUSTEIN-KATALOG SPEICHERN.

- Oder zeigen Sie auf AUTOTEXT und klicken anschließend AUF AUSWAHL IM AUTOTEXT-KATALOG SPEICHERN.

Schnellbaustein oder AutoText

3. Geben Sie nun einen Namen, bzw. ein Kürzel, für den Baustein ein, standardmäßig verwendet Word dafür die ersten Zeichen des markierten Textes. Geben Sie stattdessen besser einen kürzeren, eindeutigen Namen ein.

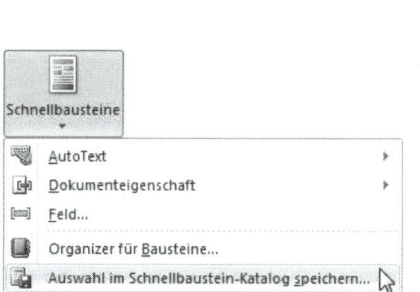

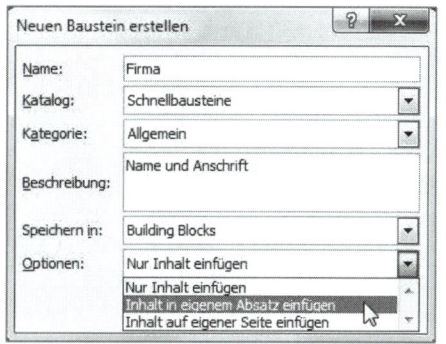

Markierten Text als Schnellbaustein speichern   Name und Optionen wählen

4. Eine zusätzliche genauere Beschreibung können Sie im Feld BESCHREIBUNG eingeben. Wählen Sie ggf. den Katalog aus, in dem der Baustein angezeigt werden soll. Bei Bedarf können Sie den Baustein auch einer Kategorie zuweisen.

Standardmäßig verwendet Word die Option NUR INHALT EINFÜGEN, d.h. beim Einfügen wird der Inhalt an der Cursorposition eingefügt. Falls gewünscht, können Sie als Option auch festlegen, dass der Inhalt des Bausteins immer in einem eigenen Absatz eingefügt werden soll (INHALT IN EIGENEM ABSATZ EINFÜGEN) oder eventuell auf einer eigenen Seite (INHALT AUF EIGENER SEITE EINFÜGEN).

> **Wichtig:** Bausteine beziehen standardmäßig nur die Zeichenformatierung mit ein. Damit Absatzformate wie Einzüge, Ausrichtung oder Abstände ebenfalls mit gespeichert werden, müssen Sie auch das (meist nicht sichtbare) Steuerzeichen Absatzende ebenfalls markieren und speichern.

Benötigen Sie auch Absatzformate im Baustein?

Bausteine bearbeiten/ löschen

Klicken Sie in der Liste der Schnellbausteine oder im AutoText-Katalog mit der rechten Maustaste auf den Eintrag. Mit dem Befehl EIGENSCHAFTEN BEARBEITEN… können Sie diesen Eintrag nun bearbeiten, bzw. umbenennen. Zum Löschen eines Bausteins verwenden Sie aus dem Kontextmenü der rechten Maustaste den Befehl ORGANISIEREN UND LÖSCHEN… Damit öffnet Word ein Fenster mit allen Bausteinen und Sie können nun den markierten Eintrag über die Schaltfläche löschen.

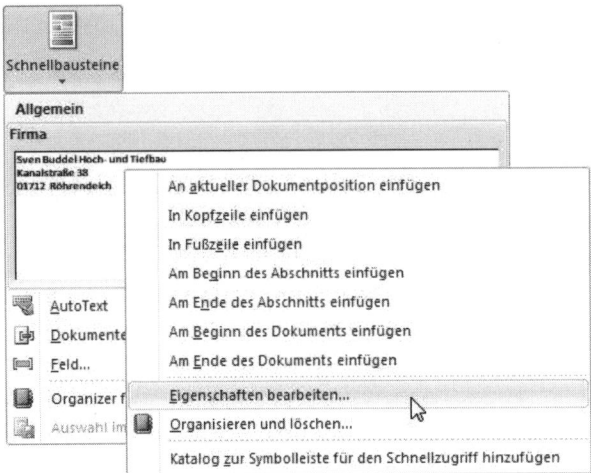

Inhalt ändern

Baustein erneut
speichern

Den Inhalt eines Bausteins können Sie dagegen nur ändern, indem Sie den Baustein in ein beliebiges Dokument einfügen, hier alle erforderlichen Änderungen
vornehmen, und ihn anschließend erneut unter dem bisherigen Namen speichern.
Bestätigen Sie die nachfolgende Meldung, ob Sie den Baustein neu definieren
möchten mit der Schaltfläche JA.

AutoText-Einträge drucken

AutoText drucken

Wenn Sie eine Liste Ihrer gespeicherten AutoTexte drucken möchten,
dann klicken Sie im Register DATEI auf
DRUCKEN und wählen aus der Liste
der Einstellungen für den Druckbe-
reich unter DOKUMENTEIGENSCHAFTEN
den Eintrag AUTOTEXT-EINTRÄGE.

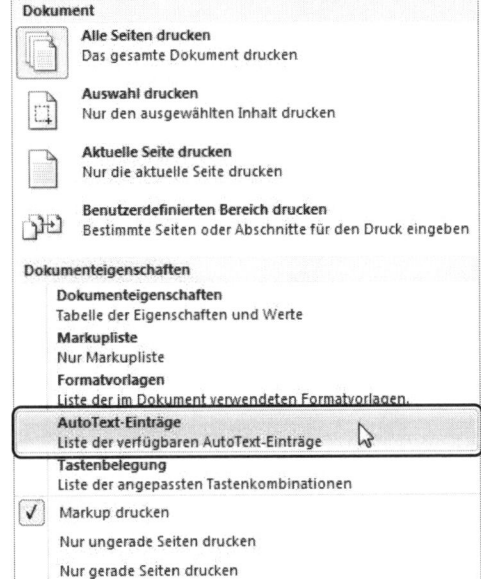

8.2.   Word-Dokument einfügen

Siehe Lektion 2, Datei
öffnen

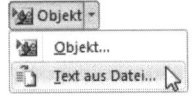

Wenn Sie in ein Dokument den Inhalt eines anderen Word-Dokuments einfügen
möchten, dann ist dies auf dem Weg über die Zwischenablage möglich. Sie können aber auch das gesamte Dokument ohne vorheriges Öffnen einfach an der
Cursorposition einfügen. Wechseln Sie dazu in das Register EINFÜGEN, Gruppe
TEXT. Klicken Sie auf die Schaltfläche OBJEKT und wählen Sie TEXT AUS DATEI.... Ein
Fenster DATEI EINFÜGEN, ähnlich dem Dialogfenster DATEI ÖFFNEN, erscheint. Markieren Sie die gewünschte Datei und klicken Sie auf die Schaltfläche EINFÜGEN.

8.3. Kopf- und Fußzeilen

Elemente, die automatisch auf jeder Seite am oberen oder unteren Rand gedruckt werden sollen, beispielsweise die Seitenzahlen, fügen Sie in die Kopfzeile am oberen Seitenrand oder die Fußzeile am unteren Seitenrand ein. Kopf- und Fußzeilen werden zwischen dem Papierrand und dem oberen oder unteren Seitenrand eingefügt und befinden sich somit außerhalb des eigentlichen Satzspiegels. Eine Kopf- oder Fußzeile kann beliebigen Text, Tabellen oder Grafiken enthalten.

Kopf- und Fußzeilen werden automatisch auf jeder Druckseite wiederholt.

Seitenzahlen einfügen

Zu den wichtigsten Elementen von Kopf- oder Fußzeile gehören die Seitenzahlen. Zum Einfügen von Seitenzahlen klicken Sie im Register EINFÜGEN, Gruppe KOPF- UND FUßZEILE auf die Schaltfläche SEITENZAHL. Wählen Sie aus, ob die Seitenzahlen am SEITENANFANG (Kopfzeile) oder SEITENENDE (Fußzeile) des Dokuments erscheinen sollen. Sobald Sie mit der Maus auf eine der beiden Möglichkeiten zeigen, erscheint eine Liste von Vorlagen, zum Übernehmen klicken Sie auf den gewünschten Eintrag.

Register EINFÜGEN, Gruppe KOPF- UND FUßZEILE

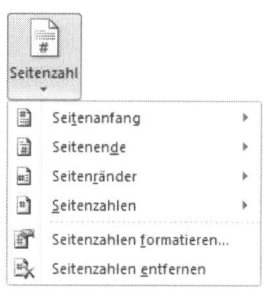

Position wählen

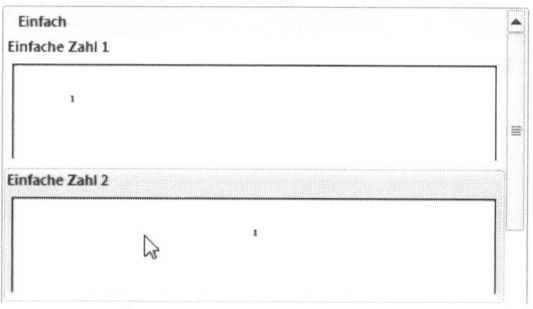

Vorlage auswählen

Benötigen Sie Buchstaben anstelle von Zahlen zur Nummerierung der Seiten, dann klicken Sie vor dem Einfügen auf die Schaltfläche SEITENZAHL und auf den Eintrag SEITENZAHLEN FORMATIEREN… und wählen das gewünschte Zahlenformat.

Zahlenformat wählen

Nach dem Einfügen der Seitenzahl öffnet Word je nach gewählter Position den Bereich Kopfzeile (Seitenanfang) oder Fußzeile (Seitenende) mit der Seitenzahl. Sie können nun beliebigen Text oder Grafikelemente hinzufügen und formatieren. Gleichzeitig steht Ihnen nun das Register KOPF- UND FUßZEILENTOOLS - ENTWURF zur Verfügung.

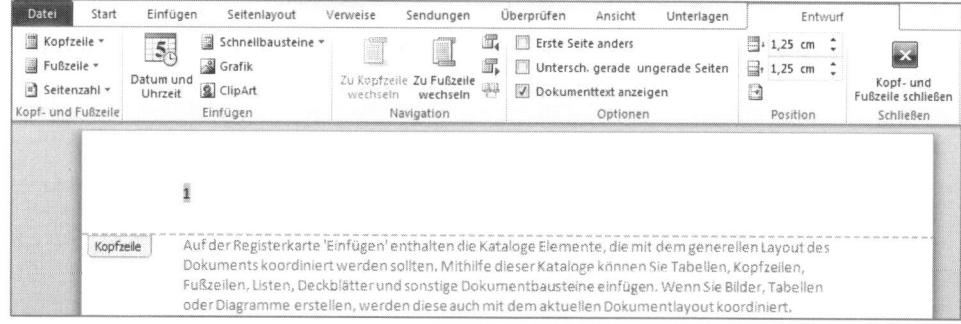

Mit einem Doppelklick in den Textbereich kehren Sie wieder zurück zum eigentlichen Text. Ein Mausklick auf die Schaltfläche KOPF- UND FUßZEILEN SCHLIEßEN schließt die Kopf- oder Fußzeile ebenfalls.

Kopf- und Fußzeile schließen

Tipp: mit einem Doppelklick in den Kopf- oder Fußzeilenbereich am oberen oder unteren Seitenrand können Sie jederzeit diesen Bereich jederzeit wieder öffnen.

Register EINFÜGEN,
Gruppe KOPF- UND
FUßZEILE

Kopf- und Fußzeile bearbeiten

Sie können auch Kopf- und Fußzeilen bearbeiten und erst nachträglich Seitenzahlen hinzufügen. Klicken Sie dazu im Register EINFÜGEN, Gruppe KOPF- UND FUßZEILE auf die jeweilige Schaltfläche. Es erscheint eine Auswahl verschiedener Kopf- und Fußzeilen. Wenn Sie sie individuell gestalten möchten, dann sollten Sie LEER oder LEER (DREI SPALTEN) wählen.

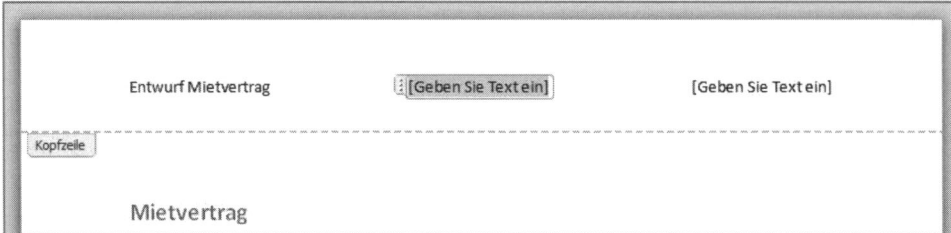

Beispiel: Dreispaltige Kopfzeile

Auch leere Kopf-/
Fußzeilen verfügen
über Tabstopps

Register ENTWURF,
Gruppe EINFÜGEN

Der Bereich Kopf- oder Fußzeile wird geöffnet, die Vorlage LEER enthält Platzhalter, in die Sie nun beliebigen Text eingeben können, nicht benötigte Platzhalter löschen Sie einfach. Als weitere Hilfe bei der Ausrichtung enthalten die meisten Vorlagen vordefinierte Tabstopps: zentriert in der Mitte der Seite, sowie rechtsbündig am rechten Seitenrand. Das Register KOPF- UND FUßZEILENTOOLS - ENTWURF, Gruppe EINFÜGEN stellt Schaltflächen zur Verfügung, über die Sie häufig benötigte Elemente, wie Schnellbausteine, Grafik, ClipArt, Datum und Uhrzeit einfügen können.

Datum und
Uhrzeit

Datum automatisch
aktualisieren

Datum und Uhrzeit

Klicken Sie auf die Schaltfläche DATUM UND UHRZEIT und markieren Sie die gewünschte Schreibweise. Wenn Sie das Kontrollkästchen AUTOMATISCH AKTUALISIEREN aktivieren, so erhalten Sie beim Öffnen immer das aktuelle Datum.

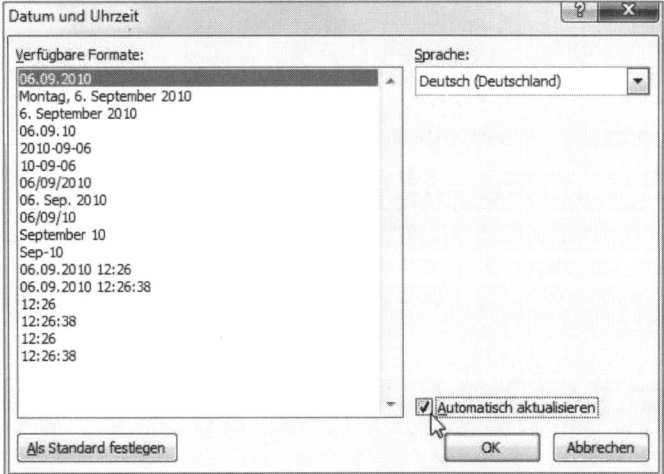

Register ENTWURF,
Gruppe KOPF- UND
FUßZEILE

Seitenzahlen

Zum Einfügen von Seitenzahlen klicken Sie auf die Schaltfläche SEITENZAHL und auf SEITENZAHLEN. Wählen Sie eine Vorlage aus, ganz am Ende der Liste finden Sie eine Vorlage, die die Seitenzahl zusammen mit der Gesamtzahl der Seiten einfügt.

Weitere Schaltflächen:

Schaltflächen	Bedeutung
Zu Kopfzeile Zu Fußzeile wechseln wechseln	Mit den Schaltflächen der Gruppe NAVIGATION können Sie schnell zwischen Kopfzeile und Fußzeile wechseln.
Kopfzeile von oben: 1,25 cm / Fußzeile von unten: 1,25 cm / Ausrichtungstabstopp einfügen / Position	In der Gruppe POSITION legen Sie den Abstand zur oberen, bzw. unteren Blattkante fest. Standardmäßig verwendet Word 1,25 cm.

Unterschiedliche Kopf- und Fußzeilen gestalten

Besteht Ihr Dokument nur aus einem einzigen Abschnitt, so erscheint der Inhalt von Kopf- oder Fußzeilen automatisch auf jeder Seite. Manchmal wird auf der ersten Seite, beispielsweise einem Deckblatt, keine Kopf- oder Fußzeile benötigt, dann können Sie abweichende Kopf- oder Fußzeilen für die erste Seite definieren. Dies gilt auch, wenn für gerade und ungerade Seiten unterschiedliche Kopf- und Fußzeilen benötigt werden.

Erste Seite

Aktivieren Sie dazu die Kontrollkästchen im Register KOPF- UND FUSSZEILENTOOLS - ENTWURF, Gruppe OPTIONEN.

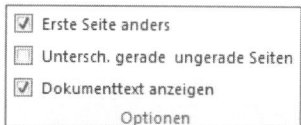

Beachten Sie, dass Sie in beiden Fällen zwei Kopf- oder Fußzeilen bearbeiten müssen. In der Gruppe NAVIGATION können Sie über die Schaltflächen VORHERIGE/NÄCHSTE schnell die weiteren Kopf- oder Fußzeilen anzeigen und bearbeiten.

Zwei Kopf-/ Fußzeilen bearbeiten

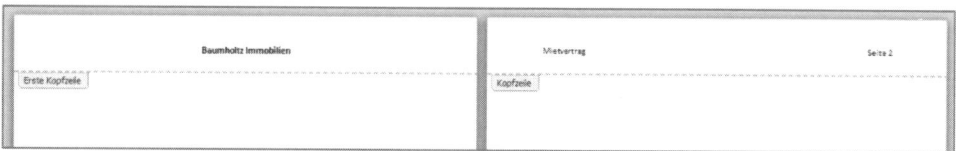

Beispiel: Kopfzeile auf der ersten Seite anders

Mehrere Kopf- und Fußzeilen definieren

Kopf- und Fußzeilen gehören eigentlich zu den Abschnittsformaten, d.h. Sie können für jeden Abschnitt eines Dokuments eine eigene Kopf- oder Fußzeile definieren.

Siehe Lektion 5.3, Abschnitte

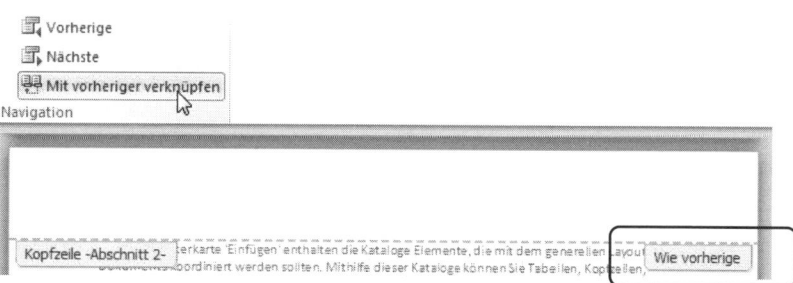

Beachten Sie: Enthält ein Dokument mehrere Abschnitte, so sind standardmäßig die Kopf- und Fußzeilen mit denen des vorherigen Abschnitts verknüpft. Dies bedeutet, dass beispielsweise eine Kopfzeile automatisch Inhalt und Aussehen der

Verknüpfung aufheben

Kopfzeile des vorherigen Abschnittes übernimmt. Bevor Sie unterschiedliche Kopf- und Fußzeilen bearbeiten können, müssen Sie daher zuerst die Verknüpfung aufheben. Verknüpfte Kopf- und Fußzeilen sind mit einem entsprechenden Hinweis versehen und die Schaltfläche MIT VORHERIGER VERKNÜPFEN ist hervorgehoben. Mit einem Mausklick auf die Schaltfläche können Sie die Verknüpfung aufheben, bzw. wiederherstellen.

8.4. Zusammenfassung

- Häufig wiederkehrende Texte und Textelemente können Sie in Word als Schnellbausteine oder AutoText speichern und später beliebig oft in Dokumente einfügen. Bausteine können Formatierungen, sowie Grafik und Tabellen enthalten.

- Um ein vollständiges, bereits gespeichertes Word-Dokument an der Cursorposition einzufügen, verwenden Sie im Register EINFÜGEN die Schaltfläche OBJEKT und wählen TEXT AUS DATEI.

- Die Inhalte von Kopf- und Fußzeilen müssen nur einmal eingegeben werden, erscheinen aber automatisch auf jeder Druckseite. Wichtige Elemente der Kopf- oder Fußzeile sind die Seitenzahlen. Darüber hinaus können Kopf- und Fußzeilen nicht nur Text, sondern auch Grafik oder Tabellen enthalten und beliebig formatiert werden. Der Bereich für Kopf- und Fußzeilen befindet sich zwischen dem Papierrand und dem Seitenrand, mit einem Doppelklick in diesen Bereich können Sie den Inhalt bearbeiten.

- Kopf- und Fußzeilen gehören zu den Abschnittformaten, d.h. Sie können für jeden Abschnitt eines Dokuments eigene Kopf- oder Fußzeilen definieren. Standardmäßig bietet Word auch die Möglichkeit unterschiedlicher Kopf- und Fußzeilen für die erste Seite bzw. für gerade und ungerade Seiten.

8.5. Übung

Aufgabe 1
Öffnen Sie ein neues, leeres Dokument, erfassen Sie die folgenden Texte (einschließlich Formatierung und speichern Sie die Texte als Schnellbausteine unter den angegebenen Namen Mahn1, Mahn2 und Mahn3.

Mahn1
sicher haben Sie übersehen, den unten genannten, noch ausstehenden Rechnungsbetrag fristgerecht auf eines unserer Konten zu überweisen. Wir möchten Sie darauf hinweisen, dass für Sie unnötige Kosten entstehen, sollten wir innerhalb der nächsten 10 Tage keinen Zahlungseingang verzeichnen.

Mahn2
Bitte bei Zahlungen stets angeben:

Rechnungs-Nr.	Kunden-Nr.	Rechnungsdatum	Rechnungsbetrag	Fälligkeit:

Mahn3
Sollten Sie den fälligen Betrag inzwischen beglichen haben, so betrachten Sie bitte dieses Schreiben als gegenstandslos.

Erstellen Sie in einem weiteren Dokument ein Mahnschreiben, Briefkopf und Aussehen gestalten Sie nach Ihren Vorstellungen. Fügen Sie im Brief an den entsprechenden Stellen die Schnellbausteine Mahn1, Mahn2 und Mahn3 ein und ergänzen Sie die fehlenden Inhalte. Speichern Sie das Dokument unter dem Namen Mahnschreiben-Müller-Lüdenscheid.

Schreinerei Holzfuchs
Holzweg 4
12343 Irgendwo

Schreinerei Holzfuchs – Holzweg 4 – 12343 Irgendwo

Herrn Friedrich Müller-Lüdenscheid
Asternweg 34
94315 Straubing

Irgendwo, den 15.04.2010
Sachbearbeiterin: Sandra Brösel
Telefon 0162 - 776655

Mahnung

Sehr geehrter Herr Müller-Lüdenscheid,

sicher haben Sie übersehen, den unten genannten, noch ausstehenden Rechnungsbetrag fristgerecht auf eines unserer Konten zu überweisen. Wir möchten Sie darauf hinweisen, dass für Sie unnötige Kosten entstehen, sollten wir innerhalb der nächsten 10 Tage keinen Zahlungseingang verzeichnen.

Bitte bei Zahlungen stets angeben:

Rechnungs-Nr.	Kunden-Nr.	Rechnungsdatum	Rechnungsbetrag	Fälligkeit:
2713	109/12335	15.03.	156,25	25.03.

Sollten Sie den fälligen Betrag inzwischen beglichen haben, so betrachten Sie bitte dieses Schreiben als gegenstandslos.

Mit freundlichen Grüßen

Sandra Brösel

Fügen Sie im Brief zentrierte Seitenzahlen in die Fußzeile ein und gestalten Sie eine Kopfzeile nach dem unten abgebildeten Muster.

Holzfuchs – immer für Sie da!

Schreinerei Holzfuchs
Holzweg 4
12343 Irgendwo

Bemerkungen:

_____

_____

_____

_____

9. Formatvorlagen und Dokumentvorlagen

In dieser Lektion lernen Sie

- Formatvorlagen verwenden
- Eigene Formatvorlagen erstellen
- Benutzerdefinierte Dokumentvorlagen erstellen

Was Sie für diese Lektion wissen sollten

- Texteingabe und Formatierung

Siehe Lektion 2.2,
Neues Dokument
erstellen

Formatvorlagen speichern Formatierungsmerkmale für Zeichen und/ oder Absätze und leisten nützliche Dienste, wenn umfangreiche Dokumente ein einheitliches Aussehen erhalten sollen. Sie können entweder die integrierten Formatvorlagen von Word verwenden und diese nach Ihren Vorstellungen ändern oder neue Formatvorlagen erstellen. Dokumentvorlagen steuern dagegen das Aussehen ganzer Dokumente. Sie werden bei der Erstellung neuer Dokumente verwendet und lassen sich am besten mit Vordrucken vergleichen, beispielsweise einem Briefkopf oder einem Rechnungsformular.

9.1. Wozu benötigen Sie Formatvorlagen?

Mit Formatvorlagen
lassen sich Dokumente
einheitlich gestalten.

In vielen, insbesondere umfangreichen Dokumenten werden für ein einheitliches Layout immer die gleichen Formatierungen benötigt. Damit Sie diese Formatierungen nicht immer wieder neu vornehmen oder jedes Mal das Format übertragen müssen, bietet sich die Verwendung von Formatvorlagen an. Eine Formatvorlage kann mehrere Formatierungsmerkmale enthalten und Absätzen und/ oder Zeichen beliebig oft zugewiesen werden.

Gründe, warum Sie Formatvorlagen einsetzen sollten:

- Mit Formatvorlagen weisen Sie in einem einzigen Schritt gleich mehrere Formatierungen schnell und effizient zu.
- Formatvorlagen gewährleisten ein einheitliches Aussehen des gesamten Dokuments.
- Um nachträglich die Formatierung zu ändern, genügt es, wenn Sie die Formatvorlage ändern. Damit ändert sich automatisch das Aussehen aller Absätze, denen diese Formatvorlage zugewiesen wurde.

Siehe Lektion 1.5,
Weitere Ansichten

- Formatvorlagen erleichtern die Navigation im Dokument, im Navigationsbereich können Sie eine Anzeige aller Überschrift-Formatvorlagen verwenden.

AaBbCcDc
¶ Standard

Absatzformatvorlage
STANDARD

Word unterscheidet grundsätzlich zwei Arten von Formatvorlagen:

Zeichenformatvorlagen	Zeichenformatvorlagen speichern ausschließlich Zeichenformate und werden den markierten Zeichen zugewiesen.
Absatzformatvorlagen	Absatzformatvorlagen speichern sowohl Zeichen- als auch Absatzformate, werden aber immer einem Absatz zugewiesen. Sie sind mit dem Absatzsymbol gekennzeichnet.

9.2. Formatvorlagen verwenden

Formatvorlage zuweisen

Word verfügt über eine Vielzahl integrierter Formatvorlagen, mit deren Hilfe Sie schnell ansprechende Dokumente gestalten können. Sie finden diese Vorlagen als so genannte Schnellformatvorlagen im Register START, Gruppe FORMATVORLAGEN. Verwenden Sie am rechten Rand der Liste die Pfeile nach oben/ unten, um weitere Formatvorlagen anzuzeigen, oder öffnen Sie mit einem Mausklick auf die Schaltfläche WEITERE die gesamte Auswahl. Hier finden Sie beispielsweise Formatvorlagen für verschiedene Überschriftebenen und Hervorhebungen.

Klicken Sie auf die gewünschte Formatvorlage

Die integrierten Formatvorlagen

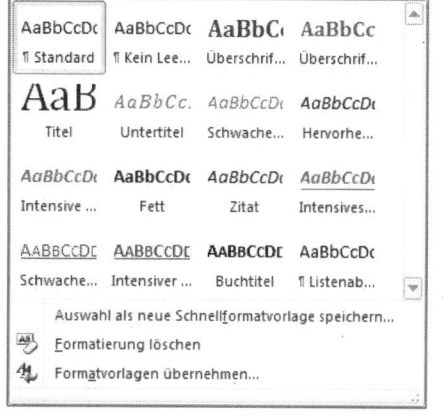

Weitere Formatvorlagen anzeigen   Auswahl Formatvorlagen

Wenn Sie mit der Maus auf eine der Formatvorlagen zeigen, so ändert sich nach kurzer Verzögerung, je nach gewähltem Typ, das Aussehen des aktuellen Absatzes oder des markierten Textes. Mit einem Mausklick weisen Sie dem Absatz oder dem Wort die gewählte Vorlage zu.

Eine besondere Rolle spielen die Formatvorlagen Überschrift 1, Überschrift 2, usw. Word verfügt über Formatvorlagen für maximal neun Überschriftebenen, sie steuern nicht nur das Aussehen der Überschriften, sondern unterstützen auch die Navigation im Dokument.

Siehe Lektion 1.4, Navigationsbereich

Die integrierten Formatvorlagen gehören eigentlich zu einem Set von Vorlagen. Möchten Sie einen anderen Stil wählen oder Farben und Schriftarten ändern, so klicken Sie im Register START, Gruppe FORMATVORLAGEN auf die Schaltfläche FORMATVORLAGEN ÄNDERN. Zeigen Sie auf STIL-SET und wählen Sie den gewünschten Stil aus. Haben Sie im aktuellen Dokument bereits Formatvorlagen verwendet, so erhalten Sie im Dokument eine Vorschau, wenn Sie mit der Maus auf eines der Stil-Sets zeigen.

Register START, Gruppe FORMATVORLAGEN

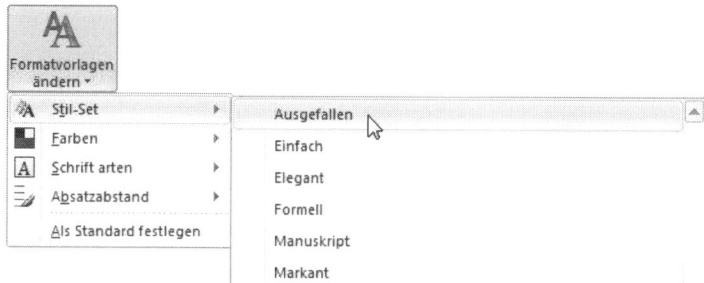

Standard Formatierung
für Absätze

AaBbCcDc
¶ Standard

Alle Formatierungen
entfernen

Die Formatvorlage Standard

Die wichtigste Formatvorlage ist die Vorlage STANDARD, sie legt die Standardschriftart und Standardabsatzformatierung fest. Wenn Sie nach dem Öffnen eines neuen, leeren Dokuments mit der Eingabe beginnen, dann erhält der Text automatisch alle Formatierungen der Formatvorlage STANDARD.

Tipp: Sie können schnell alle nachträglich vorgenommenen Formatierungen eines Absatzes wieder entfernen, indem Sie dem Absatz einfach wieder die Formatvorlage STANDARD zuweisen.

Die Standardformatierung wird ebenfalls wiederhergestellt, wenn Sie in der Gruppe FORMATVORLAGEN auf die Schaltfläche WEITERE und auf anschließend den Befehl FORMATIERUNG LÖSCHEN klicken.

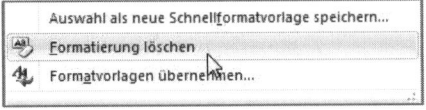

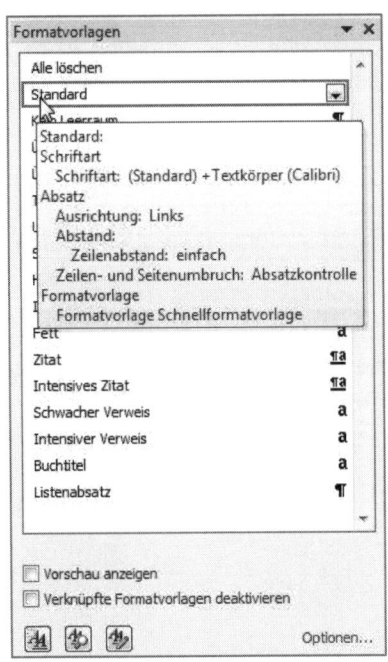

Formatvorlagen
ändern ▾

Das Dialogfenster
FORMATVORLAGEN
öffnen

Das Fenster FORMATVORLAGEN

Für das Arbeiten mit Formatvorlagen sollten Sie mit einem Mausklick auf das Pfeilsymbol der Gruppe FORMATVORLAGEN das Dialogfenster FORMATVORLAGEN öffnen. Dieses Fenster zeigt Formatvorlagen als übersichtliche Liste an und bleibt solange dauerhaft geöffnet, bis Sie auf das SCHLIEßEN-Symbol klicken. Zeigen Sie mit der Maus auf eine der Vorlagen, so werden die dazugehörigen Formatierungen eingeblendet, mit dem Kontrollkästchen VORSCHAU ANZEIGEN erscheint die dazugehörige Formatierung in der Vorschau. Jede Formatvorlage ist mit einem Symbol versehen, das den Formatvorlagentyp kennzeichnet.

Formatierung anzeigen

Formatvorlagen mit Vorschau

Symbole kennzeichnen
den Vorlagentyp

Die Bedeutung der Symbole:

Symbol	Beschreibung
¶	Absatzformatvorlagen sind mit diesem Symbol gekennzeichnet. Sie können sowohl Absatz-, als auch Zeichenformate enthalten und können ausschließlich Absätzen zugewiesen werden.

a	Dieses Symbol kennzeichnet Zeichenformatvorlagen. Wie bei der Zeichen-formatierung müssen Sie auch bei der Verwendung von Zeichenformatvorla-gen Text markieren.
¶a	Dieses Symbol bedeutet, die Formatvorlage enthält sowohl Absatz- als auch Zeichenformate (Verknüpft). Sie können die Vorlage sowohl dem markierten Text als Zeichenformatvorlage als auch dem aktuellen Absatz als Absatzfor-matvorlage zuweisen.

9.3. Formatvorlagen ändern

Mit Hilfe von Formatvorlagen können Sie sehr schnell die Formatierungen im ge-samten Dokument ändern.

Alle nachträglichen Änderungen an einer Formatvorlage wirken sich automatisch auf alle Absätze und Zeichen aus, die mit dieser Formatvorlage formatiert wurden.

Änderungen wirken sich auf alle dazugehörigen Texte aus

FORMATVORLAGEN anzeigen

So gehen Sie dabei vor:

1. Öffnen Sie das Fenster FORMATVORLAGEN. Zeigen Sie mit der Maus auf die zu ändernde Formatvorlage. Es erscheint eine Beschreibung der Vorlage und rechts neben der Formatvorlage wird ein DropDown-Pfeil sichtbar, mit einem Mausklick darauf wird ein Menü geöffnet.

2. Klicken Sie auf ÄNDERN...

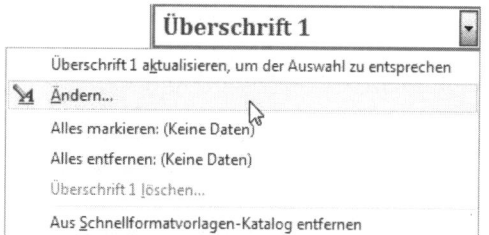

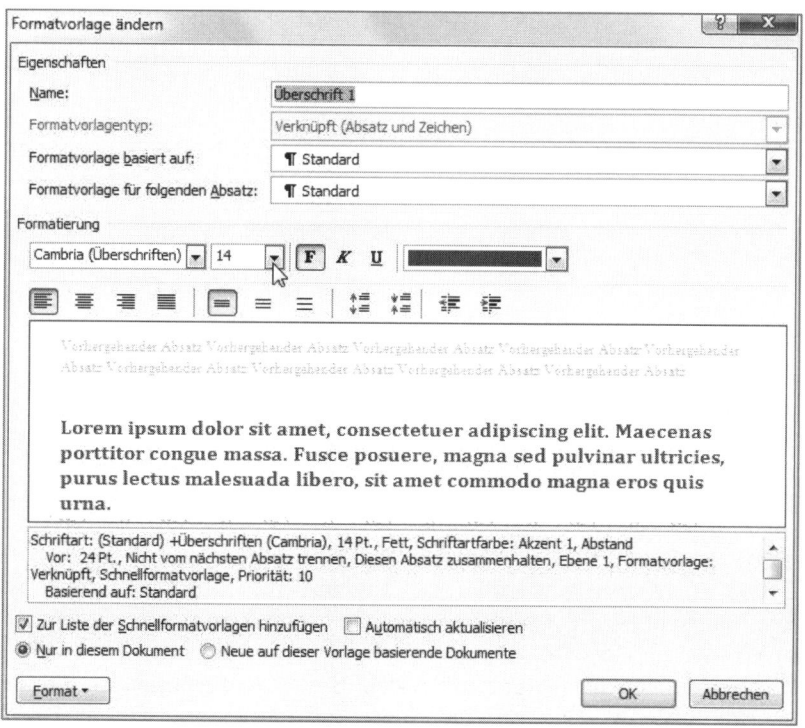

3. Das Dialogfenster FORMATVORLAGE ÄNDERN wird geöffnet. Es zeigt eine Vorschau zusammen mit der Beschreibung an. Die wichtigsten Formatierungen lassen sich über Symbole schnell vornehmen, alle übrigen Formate sind über die Schaltfläche FORMAT verfügbar. Nehmen Sie hier die gewünschten Änderungen vor und bestätigen Sie mit der Schaltfläche OK.

Achten Sie bei Änderungen an Formatvorlagen auf die folgenden Optionen:

Achten Sie auf diese Optionen

Option	Wirkung
Nur in diesem Dokument	Dies bewirkt, dass sich die alle vorgenommenen Änderungen ausschließlich auf das aktuelle Dokument auswirken.
Neue, auf dieser Vorlage basierende Dokumente	Änderungen an der Formatvorlage wirken sich auch auf alle neuen Dokumente aus, die mit der gleichen Dokumentvorlage erstellt werden. Dies gilt auch für leere Dokumente!
Automatisch aktualisieren	Vorsicht! Dieses Kontrollkästchen sollten Sie besser nicht aktivieren, da sich sonst Änderungen im Dokument auch auf die Formatvorlage auswirken.

Formatvorlage aktualisieren

Eine andere Möglichkeit besteht darin, dass Sie zuerst im Dokument einen Absatz nach Ihren Vorstellungen formatieren und im nächsten Schritt eine Formatvorlage anhand dieses Absatzes aktualisieren. Dies gilt natürlich auch für Zeichenformatvorlagen. So gehen Sie dabei vor:

1. Formatieren Sie im Dokument einen Absatz.
2. Achten Sie darauf, dass sich der Cursor im geänderten Absatz befindet oder markieren Sie den Absatz und öffnen Sie das Fenster FORMATVORLAGEN. Klicken Sie auf den DropDown-Pfeil derjenigen Formatvorlage, die Sie ändern möchten und wählen Sie den Befehl ...AKTUALISIEREN, UM DER AUSWAHL ANZU-PASSEN.

Formatvorlage anhand des Textes aktualisieren

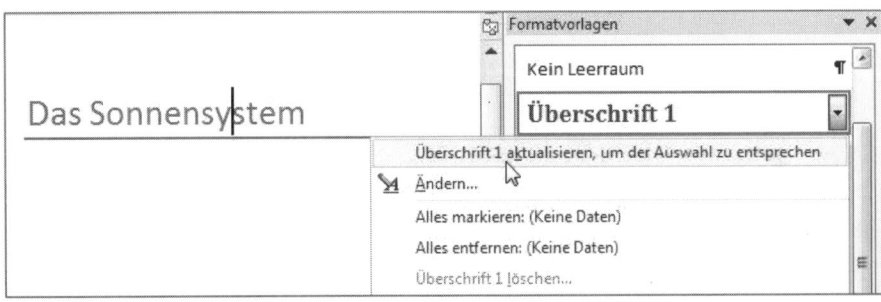

Tipp: Die Formatvorlage Standard ändern

Die Formatvorlage STANDARD von Word 2010 beinhaltet einen Absatzabstand von 10 pt unterhalb, sowie einen vergrößerten Zeilenabstand. Besonders beim Schreiben von Briefen macht sich dies störend bemerkbar. In diesem Fall ändern Sie einfach die Formatvorlage STANDARD. Wenn Sie diese Änderungen in allen neuen Dokumenten benötigen, dann müssen Sie auch noch die Option NEUE, AUF DIESER VORLAGE BASIERENDE DOKUMENTE wählen.

9.4. Neue Formatvorlage erstellen

Absatzformatvorlage

Eine eigene benutzerdefinierte Absatzformatvorlage erstellen Sie am schnellsten, indem Sie zunächst einen Absatz im Dokument mit allen gewünschten Zeichen- und Absatzformaten versehen. Im nächsten Schritt erstellen Sie aus dieser Formatierung eine neue Formatvorlage und fügen diese zur Liste der Schnellformatvorlagen hinzu. So gehen Sie dabei vor:

Eigene Absatzformat-
vorlage erstellen

1. Achten Sie darauf, dass sich der Cursor innerhalb des Absatzes befindet und klicken Sie in der Gruppe FORMATVORLAGEN auf die Schaltfläche WEITERE. Klicken Sie dann auf AUSWAHL ALS NEUE SCHNELLFORMATVORLAGE SPEICHERN....

2. Ein Dialogfenster wird geöffnet, geben Sie einen Namen für die neue Formatvorlage ein und bestätigen Sie mit OK. Die neue Formatvorlage erscheint anschließend in der Liste der Schnellformatvorlagen.

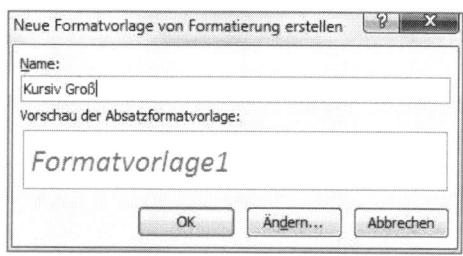

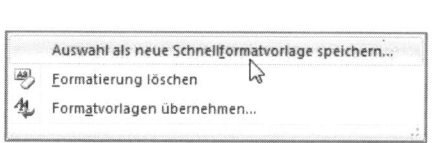

Als neue Schnellformatierung speichern

Geben Sie einen Namen für die Vorlage ein

Eigenschaften festlegen

Weitergehende Möglichkeiten stehen zur Verfügung, wenn Sie anstelle der Schaltfläche OK auf die Schaltfläche ÄNDERN... klicken oder im Fenster FORMATVORLAGEN die Schaltfläche NEUE FORMATVORLAGE zur Erstellung einer neuen Formatvorlage benutzen.

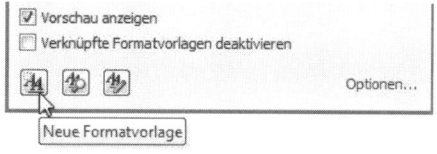

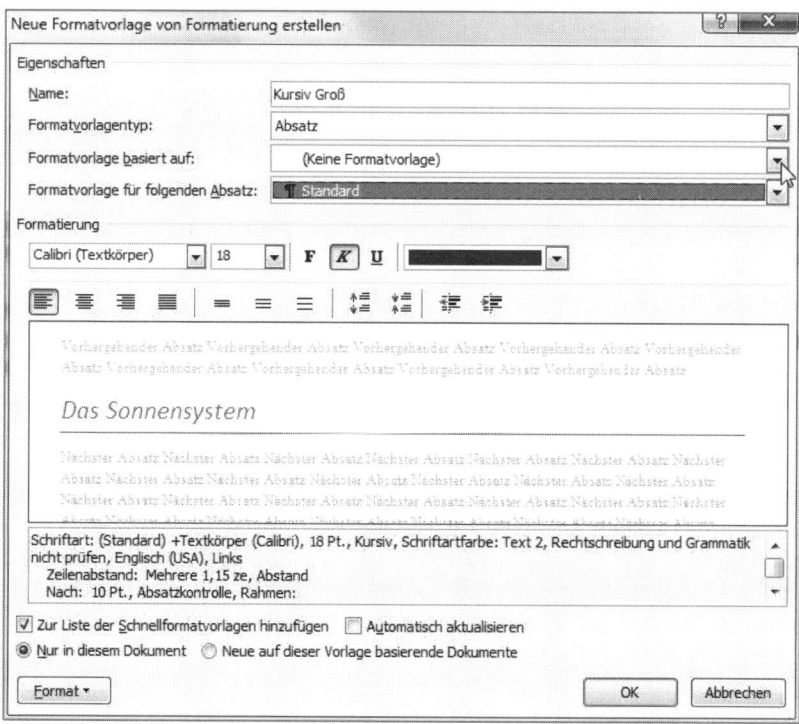

1. Geben Sie einen Namen für die Formatvorlage ein.

2. Standardmäßig wird der Formatvorlagentyp ABSATZ vorgeschlagen, dies können Sie bei Bedarf ändern.

3. Geben Sie an, auf welcher Formatvorlage die neue Vorlage basieren soll. Basiert sie beispielsweise auf der Formatvorlage STANDARD, so enthält sie zusätzlich auch deren Formatierungen. Nachträgliche Änderungen an der Formatvorlage Standard, z.B. das Ändern der Schriftart, wirken sich somit auch auf die neue Formatvorlage aus. Um dies auszuschließen, wählen Sie KEINE FORMATVORLAGE.

4. Wenn Sie während der Eingabe einen Absatz beenden, so erhält der nachfolgende Absatz automatisch dessen Formatvorlage. Soll der nachfolgende Absatz, beispielsweise nach Überschriften, automatisch eine andere Formatvorlage erhalten, so geben Sie dies im Feld FORMATVORLAGE FÜR NACHFOLGENDEN ABSATZ an.

5. Wählen Sie aus, ob die neue Formatvorlage zur Liste der Schnellformate hinzugefügt werden soll.

6. Mit der Option NUR IN DIESEM DOKUMENT wird die Formatvorlage zusammen mit dem aktuellen Dokument gespeichert und ist ausschließlich in diesem Dokument verfügbar. Soll die Formatvorlage auch in allen neuen Dokumenten zur Verfügung stehen, so wählen Sie die Option NEUE AUF DIESER VORLAGE BASIERENDE DOKUMENTE, Vorlage bedeutet hier Dokumentvorlage.

7. Das Kontrollkästchen AUTOMATISCH AKTUALISIEREN bewirkt, dass die Formatvorlage alle Formatierungen, die Sie nachträglich im Dokument an Absätzen mit dieser Formatvorlage vornehmen, automatisch übernimmt.

> **Vorsicht:** Automatisches Aktualisieren einer Formatvorlage kann zu unbeabsichtigten Änderungen am gesamten Dokument führen!

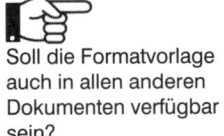
Soll die Formatvorlage auch in allen anderen Dokumenten verfügbar sein?

Automatisches Aktualisieren

Zeichenformatvorlage

Zeichen markieren

Beim Erstellen einer Zeichenformatvorlage verfahren Sie wie oben am Beispiel Absatzformatvorlagen beschrieben. Formatieren Sie im Dokument eine Textstelle, markieren Sie den Text und öffnen Sie das Dialogfenster NEUE FORMATVORLAGE ERSTELLEN. Geben Sie einen Namen für die neue Formatvorlage ein und wählen Sie den Typ ZEICHENFORMATVORLAGE aus. Anschließend nehmen Sie alle gewünschten Einstellungen vor.

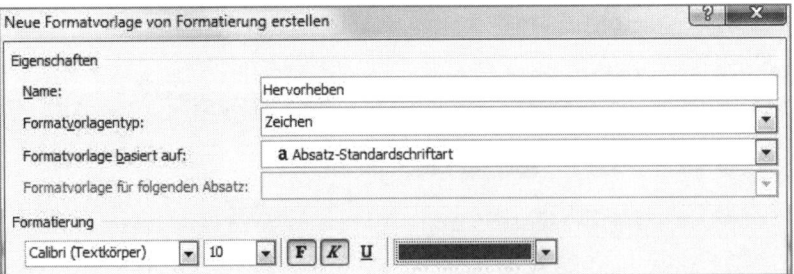

Verknüpfte Formatvorlage (Zeichen- und Absatzformatvorlage)

Den markierten Zeichen oder dem aktuellen Absatz zuweisen

Verknüpfte Vorlagen enthalten sowohl Absatz-, als auch Zeichenformate. Sie können damit markiertem Text die Zeichenformate der Formatvorlage zuweisen. Haben Sie dagegen keinen Text markiert, so erhält der gesamte aktuelle Absatz alle Formatierungen der Formatvorlage. Zum Erstellen einer verknüpften Formatvorlage wählen Sie als Typ VERKNÜPFT.

Tastenkombination zuweisen

Formatierungen mit häufig verwendeten Formatvorlagen lassen sich noch schneller mit Hilfe von Tastenkombinationen erledigen. Dazu müssen Sie zuerst der Formatvorlage eine Tastenkombination zuweisen.

Schnelle Formatierung mit Tasten-kombinationen

1. Klicken Sie im Fenster FORMATVORLAGEN auf den DropDown-Pfeil der entsprechenden Formatvorlage und anschließend auf ÄNDERN…

2. Klicken Sie im Dialogfenster FORMATVORLAGE ÄNDERN auf die Schaltfläche FORMAT und wählen Sie TASTENKOMBINATION…

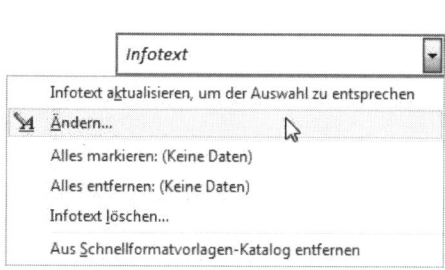

Klicken Sie auf ÄNDERN

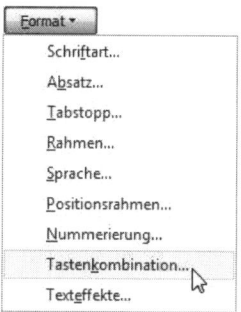

Tastenkombination…

3. Das Fenster TASTATUR ANPASSEN wird geöffnet. Klicken Sie in das Feld NEUE TASTENKOMBINATION und drücken Sie die gewünschten Tasten.

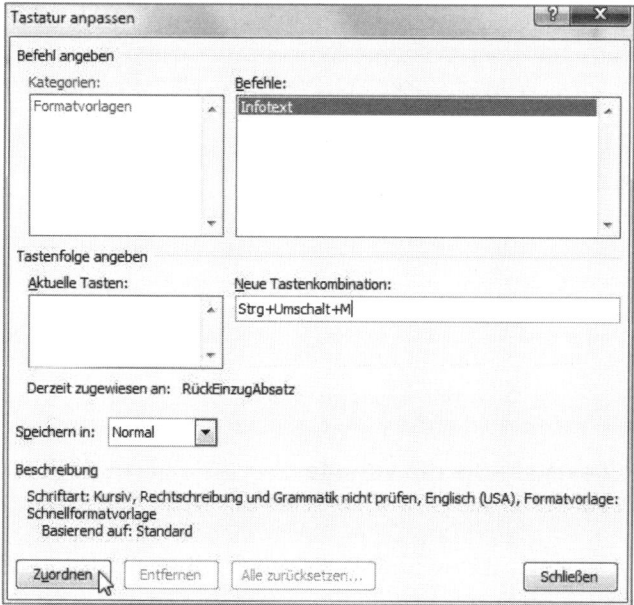

4. Berücksichtigen Sie bei der Vergabe von Tastenkombinationen die folgenden Punkte:

- Verwenden Sie am besten Kombinationen mit den Tasten Strg und Umschalt (Shift). Sollte die gewählte Tastenkombination bereits anderweitig belegt sein, so erscheint dies unter DERZEIT ZUGEWIESEN AN.

- Verwenden Sie keine der bekannten und wichtigen Tastenkombinationen wie beispielsweise Strg + C (Kopieren), da die ursprüngliche Tastenbelegung sonst überschrieben wird!

5. Klicken Sie zuletzt auf die Schaltfläche ZUORDNEN.

Formatvorlage löschen

Klicken Sie im Fenster FORMATVORLAGEN auf den DropDown-Pfeil derjenigen Formatvorlage, die Sie löschen möchten und wählen Sie den Eintrag ...LÖSCHEN... Bestätigen Sie die nachfolgende Meldung mit der Schaltfläche OK. Falls die gelöschte Formatvorlage noch im Dokument verwendet wird, so erhalten die entsprechenden Textstellen wieder die Formatvorlage Standard.

Integrierte Formatvorlagen können nicht gelöscht werden!

9.5. Dokumentvorlagen erstellen

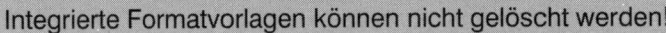

Siehe Lektion 2.2, Neues Dokument erstellen

Dokumentvorlagen geben die Standardeinstellungen für ein neues Dokument vor. Sie speichern allgemeine Einstellungen wie Papierformat, Ausrichtung und Seitenränder, können aber auch Text und Grafik oder Formatierungen in Form von Formatvorlagen enthalten, Sie brauchen nur noch Text hinzufügen. Mit ihrer Hilfe lassen sich viele Aufgaben vereinfachen. Dokumentvorlagen werden verwendet, wenn eine Vielzahl von Dokumenten, beispielsweise Briefe, ein einheitliches Aussehen erhalten sollen. Wie Sie die integrierten Dokumentvorlagen von Word bei der Erstellung neuer Dokumente verwenden, wurde in Lektion 2 beschrieben.

Dokumentvorlagen werden als eigener Dateityp gespeichert

Sie können auch eigene Dokumentvorlagen erstellen und speichern. Dokumentvorlagen stellen einen eigenen Dateityp dar und unterscheiden sich durch die Dateinamenserweiterung .dotx von normalen Word Dokumenten. Eigentlich basiert jedes Word-Dokument auf einer Dokumentvorlage, bei einem leeren Dokument verwendet Word eine Vorlage, die unter dem Namen Normal.dotx gespeichert ist.

Eigene Dokumentvorlagen erstellen

Bei der Erstellung eigener Dokumentvorlagen können Sie unter den folgenden Möglichkeiten wählen:

- Sie verwenden eine Dokumentvorlage von Word und ändern diese nach Ihren Vorstellungen ab.

- Sie öffnen ein gespeichertes Dokument und erstellen daraus eine Vorlage.

- Sie erstellen eine völlig neue Dokumentvorlage.

1. Schritt: Erstellen und gestalten Sie die Vorlage

Dabei gehen Sie vor wie bei der Erstellung eines normalen Dokuments, beispielsweise eines Briefes. Legen Sie die erforderlichen Seitenränder fest und geben Sie alle gleichbleibenden Texte, beispielsweise Firmenname und -anschrift, eventuell einschließlich einer Grafik (Firmenlogo), ein. Formatieren Sie das Dokument, falls erforderlich, erstellen oder ändern Sie die Formatvorlagen. Auch Kopf- und Fußzeilen können Sie hinzufügen.

2. Schritt: Als Dokumentvorlage speichern

Beim Speichern der Vorlage geben Sie zuerst einen aussagekräftigen Dateinamen ein. Als Dateityp wählen Sie nun WORD-VORLAGE (.DOTX) aus; soll die Vorlage auch mit Word 2003 verwendet werden, dann müssen Sie den Typ WORD 97-2003-VORLAGE (.DOT) angeben.

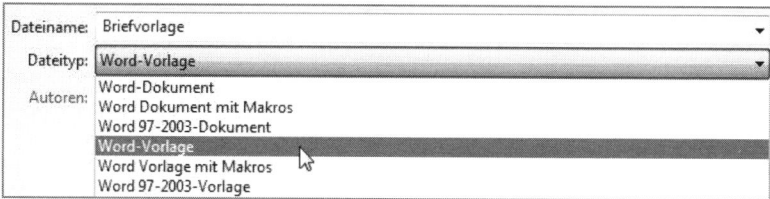

Speicherort wählen

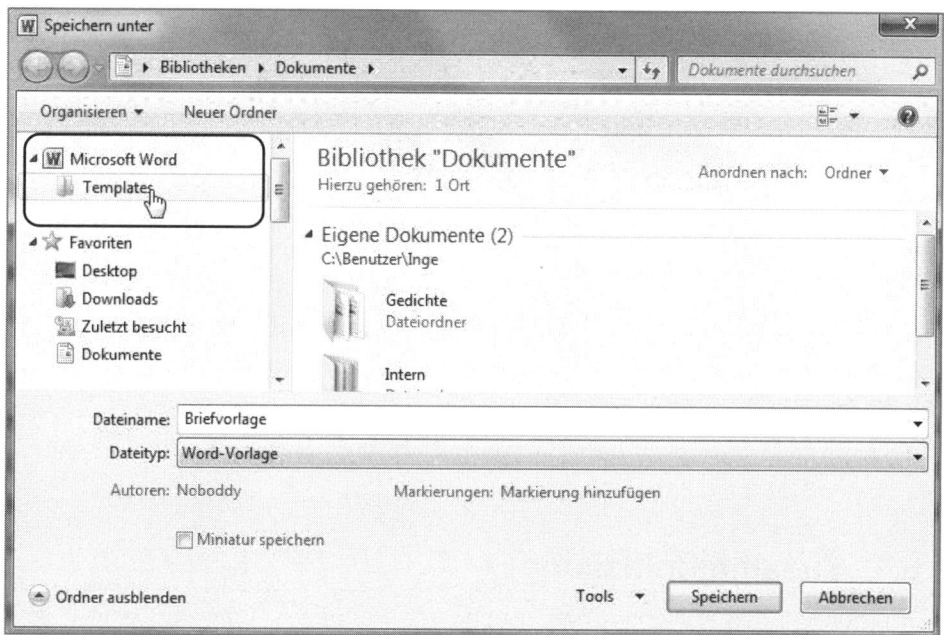

Wenn Sie als Speicherort den Ordner TEMPLATES wählen, dann steht Ihnen die Dokumentvorlage später beim Erstellen eines neuen Dokuments unter MEINE VORLAGEN zur Verfügung. Sie können auf diesen Ordner schnell über den Navigationsbereich des Dialogfensters SPEICHERN UNTER zugreifen. Eine Dokumentvorlage kann aber auch in jedem anderen Ordner gespeichert werden, beispielsweise wenn die Dokumentvorlage auch in einem Netzwerk verfügbar sein soll.

Bevor Sie die Dokumentvorlage bei der Erstellung eines neuen Dokuments verwenden können, müssen Sie die Vorlage schließen.

Dateisymbol
Dokumentvorlage

Dokumentvorlagen verwenden

Dokumentvorlagen, die im Ordner TEMPLATES gespeichert wurden, stehen Ihnen bei der Erstellung eines neuen Dokuments unter dem Befehl NEU im Register DATEI zur Verfügung. Klicken Sie auf die Kategorie MEINE VORLAGEN und wählen Sie anschließend die gewünschte Vorlage aus.

Meine Vorlagen

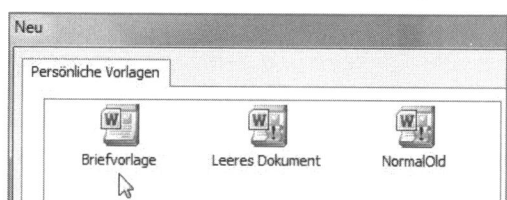

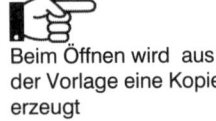

Beim Öffnen wird aus
der Vorlage eine Kopie
erzeugt

Wurde die Dokumentvorlage in einem anderen Ordner gespeichert, so wird beim Öffnen im Windows-Explorer automatisch eine Kopie der Vorlage als neues Dokument erzeugt. Sie erkennen Dokumentvorlagen am Dateisymbol.

Symbol	Dateityp
	Normales Word-Dokument mit der Dateinamenserweiterung .docx
	Word-Dokumentvorlage mit der Dateinamenserweiterung .dotx

Dokumentvorlage ändern

Nachträgliche Änderungen an Dokumentvorlagen sind jederzeit möglich. Rufen Sie dazu das ÖFFNEN-Dialogfenster auf und wählen Sie den Ordner aus, in dem die Vorlage gespeichert wurde. Auch hier können Sie im Navigationsbereich schnell auf den Ordner TEMPLATES zugreifen.

Achtung: Eine Dokumentvorlage kann nicht geändert werden, solange ein auf dieser Vorlage basierendes Dokument geöffnet ist.

Eine nicht mehr benötigte Dokumentvorlage kann natürlich auch gelöscht werden, dies hat keinerlei Auswirkungen auf gespeicherte Dokumente, die mit dieser Vorlage erstellt wurden.

9.6. Zusammenfassung

- Formatvorlagen speichern häufig benötigte Formatierungen und eignen sich besonders für eine einheitliche Gestaltung von umfangreichen Dokumenten. Word kennt neben den Absatz- und Zeichenformatvorlagen auch verknüpfte Formatvorlagen, die Sie sowohl Absätzen, als auch markierten Zeichen zuweisen können.

- Word verfügt bereits über eine umfangreiche Sammlung von integrierten Formatvorlagen, die Sie verwenden bzw. nach eigenen Vorstellungen ändern können. Die wichtigste Formatvorlage ist die Vorlage STANDARD, sie legt die Standardschriftart und Standardabsatzformatierung eines Dokuments fest. Formatvorlagen finden Sie im Register START, Gruppe FORMATVORLAGEN oder im Fenster FORMATVORLAGEN. Mit einem Mausklick weisen Sie dem aktuellen Absatz oder dem markierten Text eine Formatvorlage zu.

- Formatvorlagen können nach Belieben geändert werden. Sie können sie entweder anhand eines formatierten Absatzes aktualisieren oder die Änderungen im Dialogfenster FORMATVORLAGE ÄNDERN vornehmen. Bei Änderungen, beispielsweise an der Formatvorlage Standard, können Sie auswählen, ob die Änderungen ausschließlich für das aktuelle Dokument oder für alle neuen Dokumente übernommen werden sollen.

- Eigene Formatvorlagen werden unter dem angegebenen Namen ebenfalls der Liste der Formatvorlagen hinzugefügt. Die Formatierung definieren Sie entweder anhand eines bereits formatierten Textes oder im Dialogfenster NEUE FORMATVORLAGE. Bei Bedarf können Sie einer Formatvorlage auch eine Tastenkombination zuweisen. Mit ihrer Hilfe können Sie während der Eingabe schnell Formatierungen vornehmen.

- Dokumentvorlagen geben die Standardeinstellungen für neue Dokumente vor und lassen sich am besten mit Vordrucken vergleichen, die Sie beliebig oft bei der Erstellung neuer Dokumente verwenden können. Dokumentvorlagen werden als eigener Dateityp mit der Erweiterung .dotx gespeichert. Beim Öffnen im Windows-Explorer wird automatisch eine Kopie als neues Dokument geöffnet. Wenn Sie die Dokumentvorlage im Ordner TEMPLATES (Vorlagen) speichern, dann steht Ihnen Ihre Vorlage zusammen mit den integrierten Dokumentvorlagen von Word zur Verfügung.

9.7. Übung

Aufgabe: Eine Briefvorlage für einen Verein erstellen

1. Dokumentvorlage erstellen

Beginnen Sie mit einem neuen, leeren Dokument und erstellen Sie für einen beliebigen Verein, z.B. einen Sportverein, einen Briefkopf, den Sie anschließend als Dokumentvorlage speichern.

Richten Sie die Seitenränder ein:

Oben:	1,69 cm
Unten:	2 cm
Links/rechts:	je 2,5 cm

Fügen Sie nun die Absenderangaben hinzu und achten Sie darauf, dass später die Empfängeranschrift in einem Fensterkuvert sichtbar sein soll.

- Die Absenderzeile sollte bei etwa 45 mm (gemessen vom oberen Rand) stehen und mit Schriftgröße 6 oder 8 pt formatiert werden.

- Das Anschrift Feld für die Empfängeradresse umfasst 9 Zeilen und beginnt bei etwa 50,8 mm (gemessen vom oberen Papierrand).

- Wenn Sie in der Dokumentvorlage auch gleich Ort und Datum hinzufügen möchten, dann sollten Sie darauf achten, dass das Datum automatisch aktualisiert wird.

- Gestalten Sie den übrigen Teil der Briefvorlage nach Ihren Vorstellungen, fügen Sie beispielsweise ein Logo oder eine Fußzeile hinzu.

- Speichern Sie die Vorlage unter dem Namen Vereinsbrief.dotx in einem von Ihnen gewählten Ordner. Schließen Sie die Vorlage noch nicht!

2. Formatvorlagen hinzufügen

Erstellen Sie in der Dokumentvorlage VEREINSBRIEF die beiden folgenden neuen Formatvorlagen und achten Sie darauf, dass diese allen neuen Dokumenten zur Verfügung stehen, die auf der Dokumentvorlage VEREINSBRIEF basieren.

- Erstellen Sie eine neue Absatz-Formatvorlage unter dem Namen "Brieftext" basierend auf der Formatvorlage Standard:
  Die Formatvorlage erhält als Ausrichtung Blocksatz und einen Zeilenabstand von 1,2 Zeilen. Verwenden Sie eine beliebige Schriftart und Schriftgröße 11 pt.

- Erstellen Sie die Absatz-Formatvorlage "Infotext", diese Vorlage soll auf keiner Formatvorlage basieren:
  Einzug links und rechts je 2,5 cm, Blocksatz, einfache Rahmenlinie außen, Schriftart Times New Roman, kursiv, 10 pt.

- Schließen Sie die Dokumentvorlage und vergessen Sie nicht, Änderungen zu speichern!

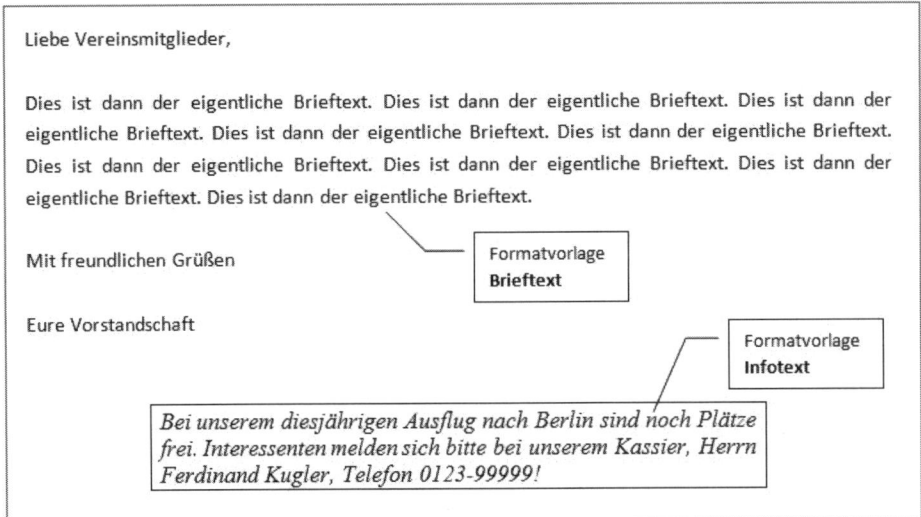

3. Dokumentvorlage verwenden

Erstellen Sie ein neues Dokument mit der Dokumentvorlage VEREINSBRIEF. Testen Sie die Vorlage, indem Sie einen beliebigen Brieftext erfassen und mit den entsprechenden Formatvorlagen formatieren. Sollten Sie mit dem Ergebnis nicht zufrieden sein, so nehmen Sie die gewünschten Änderungen in der Dokumentvorlage vor.

Bemerkungen:

_____

_____

_____

_____

_____

_____

10. Seriendruck

- Einfache Serienbriefe erstellen
- Serienbriefe sortieren und filtern
- Etiketten drucken und erweiterte Seriendruckfunktionen

Was Sie für diese Lektion wissen sollten

- Text eingeben und formatieren

Als Seriendruck bezeichnet man die Möglichkeit, Dokumente wie beispielsweise Briefe, Angebote oder Einladungen an einen größeren Personenkreis zu adressieren. Beim Drucken werden Elemente wie individuelle Anschrift oder persönliche Anrede aus den bereits gespeicherten Empfängeradressen nacheinander in das Dokument eingesetzt. Als Adressen können Daten aus verschiedenen Quellen verwendet werden. Neben Serienbriefen können Sie auf diese Weise auch Umschläge und Adressetiketten erstellen. Voraussetzung für den Seriendruck sind die beiden folgenden Dokumente, bzw. Dateien:

- Ein Dokument, das den eigentlichen Brieftext enthält, auch als Hauptdokument bezeichnet.

- Eine zweite Datei mit den Adressinformationen, sie wird auch als Datenquelle bezeichnet.

Hauptdokument + Datenquelle

10.1. Empfängeradressen

Was ist zu beachten?

Die Adressen für den Seriendruck sind im Normalfall bereits vorhanden: häufig als Microsoft Excel-Tabelle oder als Abfrage oder Tabelle aus einer Datenbank. Neben den Office-Anwendungen unterstützt Word auch andere gängige Dateiformate, im einfachsten Fall können die Daten auch als Textdatei, mit Semikolon (;) getrennt, vorliegen. Natürlich können Sie die Adressen auch in einem Word-Dokument in einer Tabelle speichern.

Die erste Zeile sollte in jedem Fall die Spaltenüberschriften enthalten. Diese werden später als Seriendruckfelder in den Brief eingefügt.

Spaltenüberschriften erforderlich

Datenbankbegriffe:

Begriff	Bedeutung
Datensatz	Als Datensatz bezeichnet man eine einzelne Adresse einer Datenbank, in einer Tabelle entspricht ein Datensatz einer Zeile der Tabelle.
Datenfeld	Als Datenfelder bezeichnet man die Spalten der Tabelle. Die erste Zeile der Tabelle enthält die Spaltenüberschriften (Feldnamen).

Microsoft Excel-Tabelle

Bei einer Microsoft Excel-Tabelle als Datenquelle sollten Sie darauf achten, dass die Tabelle mit der ersten Zeile und Spalte des Tabellenblattes beginnt. Ist dies nicht der Fall, so muss der Zellbereich, der die Adressen enthält mit einem Bereichsnamen versehen sein.

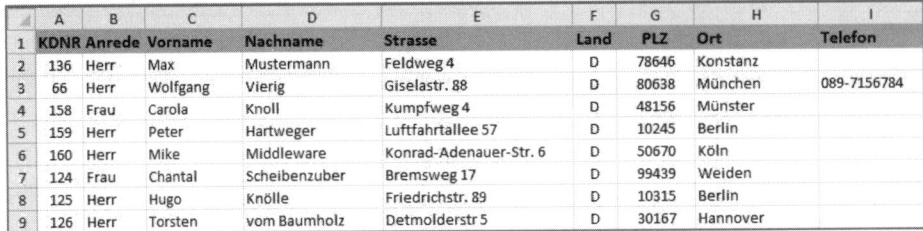

	A	B	C	D	E	F	G	H	I
1	KDNR	Anrede	Vorname	Nachname	Strasse	Land	PLZ	Ort	Telefon
2	136	Herr	Max	Mustermann	Feldweg 4	D	78646	Konstanz	
3	66	Herr	Wolfgang	Vierig	Giselastr. 88	D	80638	München	089-7156784
4	158	Frau	Carola	Knoll	Kumpfweg 4	D	48156	Münster	
5	159	Herr	Peter	Hartweger	Luftfahrtallee 57	D	10245	Berlin	
6	160	Herr	Mike	Middleware	Konrad-Adenauer-Str. 6	D	50670	Köln	
7	124	Frau	Chantal	Scheibenzuber	Bremsweg 17	D	99439	Weiden	
8	125	Herr	Hugo	Knölle	Friedrichstr. 89	D	10315	Berlin	
9	126	Herr	Torsten	vom Baumholz	Detmolderstr 5	D	30167	Hannover	

Beispiel: Excel-Tabelle

Microsoft Word-Dokument als Datenquelle

Die Tabelle muss mit der ersten Zeile des Dokuments beginnen

Wenn Sie die Adressen in einem Word-Dokument erfassen und speichern möchten, so verwenden Sie dazu am besten eine Tabelle. Formatierungen werden beim Drucken von Serienbriefen nicht berücksichtigt. Als Alternative zur Tabelle können Sie die einzelnen Adressfelder wie Name, PLZ und Ort auch mit Tabstopps oder Semikolon (;) trennen.

Beachten Sie, dass das Dokument oberhalb der Tabelle keinerlei weiteren Text enthalten darf.

Einige Beispiele:

Kunden-Nr.	Anrede	Vorname	Nachname	Strasse	Land	PLZ	Ort
153	Herr	Alfons	Altenkirchner	Obere Waldstrasse 15	D	88212	Ravensburg
77	Herr	Bernhard	Feldmann	Zur schönen Gelegenheit 3	D	94056	Regensburg
106	Frau	Dagmar	Rother	Kapellenweg 23	D	44317	Dortmund
67	Frau	Doris	Drösel	Jahnstr. 9	D	22041	Hamburg

Word-Tabelle

```
Kunden-Nr.→ Anrede→Vorname → Nachname    →  Strasse          →   Land → PLZ   →   Ort¶
153    →   Herr → Alfons  →  Altenkirchner →  Obere·Waldstrasse·15  →  D  →  88212 →  Ravensburg¶
77   →     Herr → Bernhard→ Feldmann   →      Zur·schönen·Gelegenheit·3 → D → 94056 → Regensburg¶
106    →   Frau → Dagmar → Rother     →       Kapellenweg·23     →      D  →  44317 →  Dortmund¶
```

Tabstopps

```
Kunden-Nr.;Anrede;Vorname;Nachname;Strasse;Land;PLZ;Ort
153;Herr;Alfons;Altenkirchner;Obere Waldstrasse 15;D;88212;Ravensburg
77;Herr;Bernhard;Feldmann;Zur schönen Gelegenheit 3;D;94056;Regensburg
```

Text, getrennt mit Semikolon

Neue Liste eingeben

Sollten noch keine Adressen gespeichert sein, so bietet Word auch noch die Möglichkeit, die Adressen in eine Datenbank einzugeben und zu speichern.

Empfänger auswählen ▾

Register SENDUNGEN, Gruppe SERIENDRUCK STARTEN

1. Klicken Sie auf das Register SENDUNGEN und auf die Schaltfläche EMPFÄNGER AUSWÄHLEN, wählen Sie NEUE LISTE EINGEBEN....

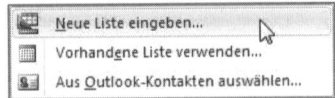

Neue Liste eingeben...
Vorhandene Liste verwenden...
Aus Outlook-Kontakten auswählen...

2. Word öffnet ein Fenster mit einer leeren Tabelle und Sie können mit der Eingabe der Adressen beginnen. Drücken Sie die Tab-Taste, um zur nächsten

Spalte zu gelangen, mit der Schaltfläche NEUER EINTRAG fügen Sie weitere Zeilen hinzu.

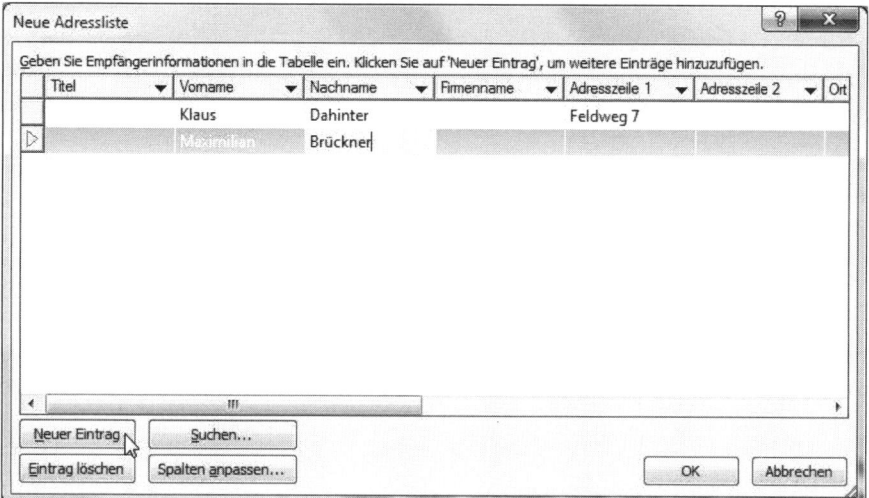

3. Wenn Sie weitere Spalten benötigen, beispielsweise für die Anrede, dann klicken Sie auf die Schaltfläche SPALTEN ANPASSEN.... Das Dialogfenster ADRESSLISTE ANPASSEN wird geöffnet, mit der Schaltfläche HINZUFÜGEN... können Sie nun beliebig weitere Spalten hinzufügen, bzw. mit der Schaltfläche LÖSCHEN auch nicht benötigte Spalten löschen.

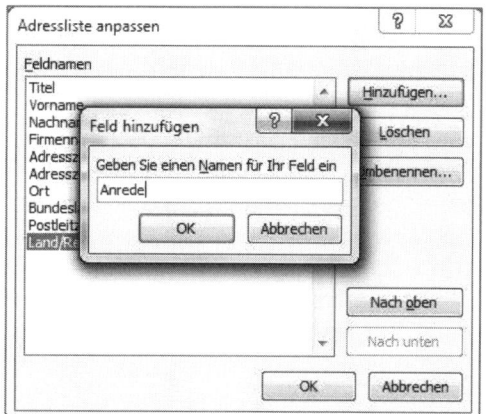

4. Mit der Schaltfläche OK beenden Sie die Adresseingabe. Word fordert Sie auf, die Datenbank unter einem Dateinamen zu speichern, als Speicherort wird meist der Ordner EIGENE DATENQUELLEN vorgeschlagen, Sie können aber auch jeden beliebigen anderen Speicherort wählen.

10.2. Serienbriefe erstellen

Die häufigste Form des Seriendrucks sind Briefe mit einer individuellen Anschrift und Anrede. Sie können dazu mit einem neuen, leeren Dokument beginnen oder ein bereits vorhandenes Dokument bzw. eine Dokumentvorlage verwenden. Schreiben und formatieren Sie den Brieftext. Die Anschrift sowie individuelle Bestandteile des Briefs, beispielsweise eine persönliche Anrede, lassen Sie vorerst leer. Speichern Sie das Dokument, bevor Sie mit dem eigentlichen Seriendruck beginnen!

Serienbrief mit
individueller Anschrift

1. Schritt: Dokumenttyp

Wechseln Sie in das Register SENDUNGEN und klicken Sie in der Gruppe SERIENDRUCK STARTEN auf die Schaltfläche SERIENDRUCK STARTEN. Wählen Sie den gewünschten Dokumenttyp, in diesem Beispiel BRIEFE.

Register SENDUNGEN,
Gruppe SERIENDRUCK
STARTEN

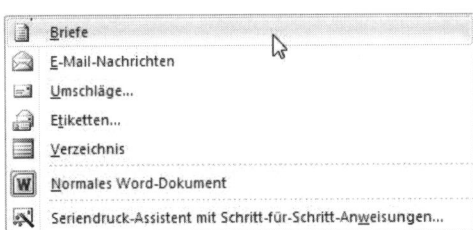

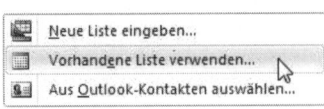

Dokumenttyp festlegen   Datenquelle auswählen

2. Schritt: Empfängeradressen auswählen

Register SENDUNGEN,
Gruppe SERIENDRUCK
STARTEN

Im nächsten Schritt geben Sie an, welche Datei die Empfängeradressen enthält.
Klicken Sie im Register SENDUNGEN auf die Schaltfläche EMPFÄNGER AUSWÄHLEN.

- Ist Microsoft Outlook auf Ihrem PC vorhanden, so können Sie über die Schaltfläche AUS OUTLOOK-KONTAKTEN AUSWÄHLEN… auch die Kontakte von Microsoft Outlook für Serienbriefe nutzen.

- Stammen Ihre Adressen aus einer anderen Datenquelle, dann klicken Sie auf VORHANDENE LISTE VERWENDEN…. Sollten noch keine Adressen gespeichert sein, dann können Sie mit dem Befehl NEUE LISTE EINGEBEN… eine neue Liste bzw. Datenbank erstellen, siehe oben.

Wählen Sie die Datei
mit Ihren Empfänger
Adressen aus

Word öffnet das Fenster DATENQUELLE AUSWÄHLEN, markieren Sie die Datei, die Ihre Adressen enthält und klicken Sie auf die Schaltfläche ÖFFNEN. Handelt es sich um eine Excel-Arbeitsmappe, wie im Beispiel unten, dann müssen Sie zusätzlich angeben, welche Tabelle Sie verwenden möchten da Excel-Arbeitsmappen oder auch Access-Datenbanken auch mehrere Tabellen enthalten können. Achten Sie auf das Kontrollkästchen ERSTE DATENREIHE ENTHÄLT SPALTENÜBERSCHRIFTEN und bestätigen Sie mit OK.

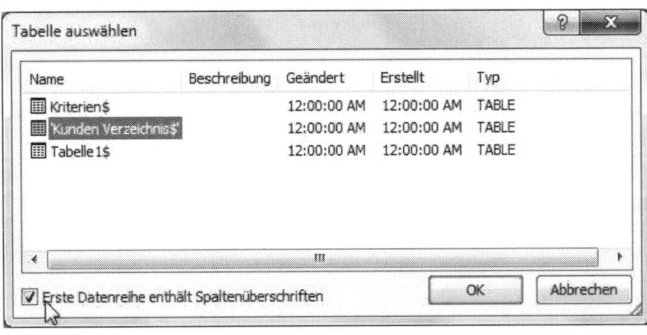

3. Schritt: Seriendruckfelder einfügen

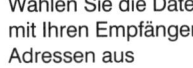

Register SENDUNGEN,
Gruppe FELDER SCHREI-
BEN UND EINFÜGEN

Als Nächstes müssen Sie nun die Seriendruckfelder in den Brieftext einfügen. Als Seriendruckfelder verwendet Word die Spaltenüberschriften der Adressentabelle. Diese Seriendruckfelder dienen als Platzhalter im Brieftext und werden später beim Drucken durch die Inhalte der jeweiligen Spalte ersetzt.

- Positionieren Sie den Cursor an der Stelle, an der Sie ein Seriendruckfeld benötigen, also zum Beispiel im Adressbereich Ihres Briefes.

- Klicken Sie in der Gruppe FELDER SCHREIBEN UND EINFÜGEN auf den DropDown-Pfeil der Schaltfläche SERIENDRUCKFELD EINFÜGEN. Es erscheint eine Liste aller verfügbaren Felder.

Leerzeichen zwischen
Seriendruckfeldern
einfügen

- Mit einem Mausklick fügen Sie das gewünschte Feld im Dokument ein. Seriendruckfelder sind im Dokument an den doppelten spitzen Klammern leicht zu erkennen. Leerzeichen zwischen den Seriendruckfeldern müssen Sie manuell einfügen, dies passiert nicht automatisch!

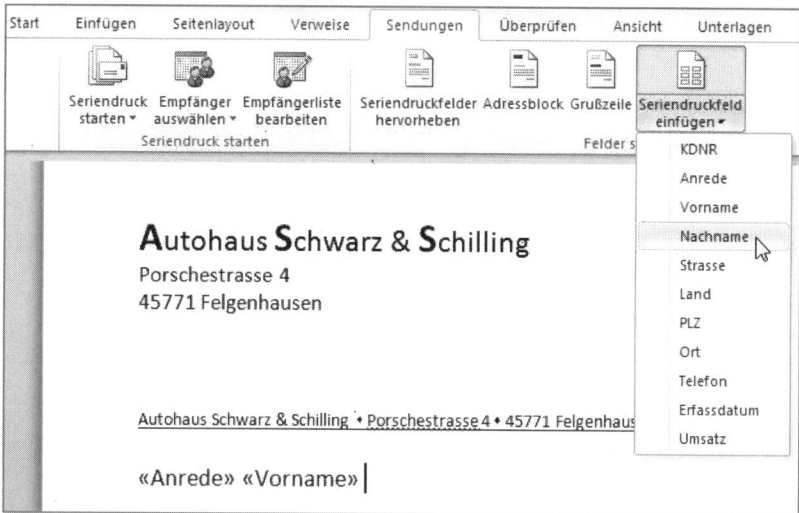

Beispiel: Seriendruckfeld einfügen

Ist ein Feld leer, so erscheinen später auf dem Ausdruck trotzdem die Leerzeichen, dagegen werden aus leeren Feldern resultierende Leerzeilen nicht gedruckt.

Leerzeilen

Hinweis: Mit einem Mausklick direkt auf die Schaltfläche SERIENDRUCKFELD EINFÜGEN öffnet Word das Fenster SERIENDRUCKFELDER EINFÜGEN. Markieren Sie in diesem Fall das gewünschte Feld und klicken Sie auf die Schaltfläche EINFÜGEN. Das Fenster bleibt geöffnet, so dass Sie alle weiteren erforderlichen Seriendruckfelder nacheinander einfügen können.

Seriendruckfelder hervorheben

Bei Bedarf können Sie die Seriendruckfelder am Bildschirm auch optisch mit grauer Schattierung hervorheben, klicken Sie dazu auf die Schaltfläche SERIENDRUCKFELDER HERVORHEBEN.

Register SENDUNGEN, Gruppe FELDER SCHREIBEN UND EINFÜGEN

Adressblock und Grußzeile einfügen

Die Schaltfläche ADRESSBLOCK stellt keine echte Hilfe bei der Serienbrieferstellung dar, da dieser auf genau festlegten Feldern (z.B. Outlook-Kontakte) basiert. Bei allen anderen Datenquellen müssen Sie zunächst die Felder auswählen, aus denen der Adressblock gebildet werden soll. Dann ist es einfacher, wenn Sie, wie oben beschrieben, die Anschrift selbst aus den Seriendruckfeldern bilden.

Über die Schaltfläche GRUßZEILE können Sie bei Bedarf auch eine individuelle Briefanrede einfügen, beispielsweise "Sehr geehrte Frau Muster", bzw. "Sehr geehrter Herr Sowieso".

Briefanrede einfügen

Verwenden Sie die DropDown-Pfeile, um das gewünschte Format auszuwählen und kontrollieren Sie das Ergebnis in der Vorschau darunter.

Falls die Grußzeile aus anderen, bzw. anderslautenden Feldern gebildet werden soll, so klicken Sie auf die Schaltfläche FELDER WÄHLEN....

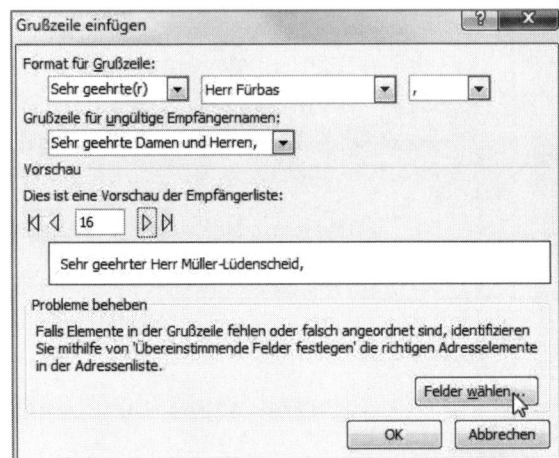

Geben Sie für die erforderlichen Felder an, welche Felder aus der Datenquelle dazu verwendet werden sollen.

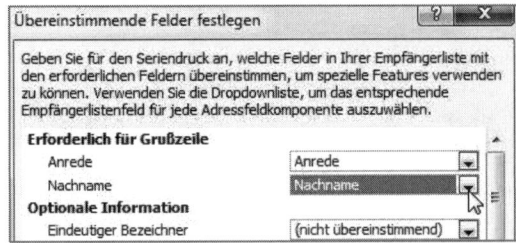

4. Schritt: Briefe in der Vorschau kontrollieren

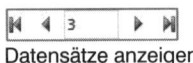
Register SENDUNGEN, Gruppe VORSCHAU ERGEBNISSE

Datensätze anzeigen

Nun können Sie die Ergebnisse in der Vorschau kontrollieren. Klicken Sie dazu in der Gruppe VORSCHAU ERGEBNISSE auf die gleichnamige Schaltfläche. Im Dokument werden anstelle der Seriendruckfelder die Adressen angezeigt. Klicken Sie auf die Pfeil-Schaltflächen, um nacheinander die einzelnen Adressen anzuzeigen. So können Sie prüfen, ob alle Adressen korrekt eingefügt werden, eventuell fehlende Leerzeichen oder Zeilenumbrüche können auch in der Vorschau korrigiert werden.

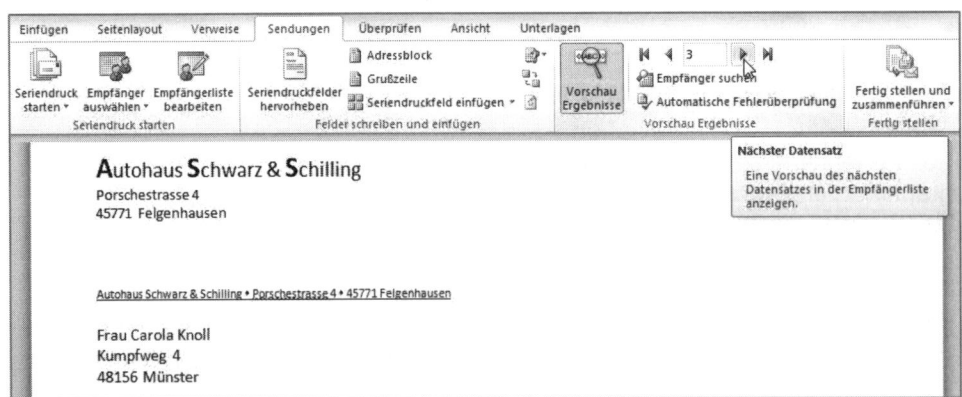

5. Schritt: Zusammenführen und drucken

Im letzten Schritt müssen Sie die Briefe nur noch drucken. Klicken Sie dazu auf die Schaltfläche FERTIG STELLEN UND ZUSAMMENFÜHREN in der Gruppe FERTIG STELLEN. Mit dem Befehl DOKUMENTE DRUCKEN... werden die Serienbriefe an den Drucker gesendet, geben Sie im nachfolgenden Dialogfenster eventuell noch an, welche Datensätze gedruckt werden sollen, beispielsweise von 1 bis 50 und bestätigen Sie mit OK.

Serienbriefe an den Drucker senden

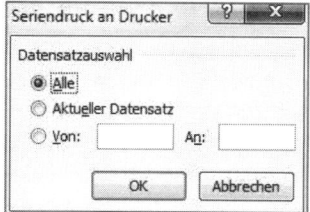

Datensätze auswählen

Mit dem Befehl EINZELNE DOKUMENTE BEARBEITEN… werden die Briefe nicht an den Drucker, sondern in ein neues Dokument ausgegeben, das standardmäßig den Namen Serienbriefe1 erhält. Sie können nun einzelne Briefe nachträglich bearbeiten, speichern und später wie ein normales Dokument drucken. Allerdings entspricht die Anzahl der Adressen der Anzahl der Seiten des neuen Dokuments, diese Option eignet daher nicht für umfangreiche Mailings.

Eignet sich nicht für umfangreiche Mailings!

E-Mail Nachrichten senden

Mit diesem Befehl können Sie Serienbriefe per E-Mail versenden, Voraussetzung ist, dass Ihre Datenquelle auch eine E-Mail-Adresse enthält.

Gespeicherten Serienbrief öffnen

Zusammen mit dem Serienbrief wird auch die Verknüpfung zur Datenquelle gespeichert. Beim Öffnen des Dokuments erscheint eine entsprechende Meldung. Bestätigen Sie mit der Schaltfläche JA, wenn Sie erneut die Empfängeradressen im Serienbrief benötigen. Mit der Schaltfläche NEIN wird das Dokument geöffnet, die Adressen werden nicht eingefügt. Wurde die Datenquelle inzwischen gelöscht oder umbenannt, so erhalten Sie beim Öffnen eine Fehlermeldung.

SQL ist eine Sprache, zur Abfrage von Datenbanken

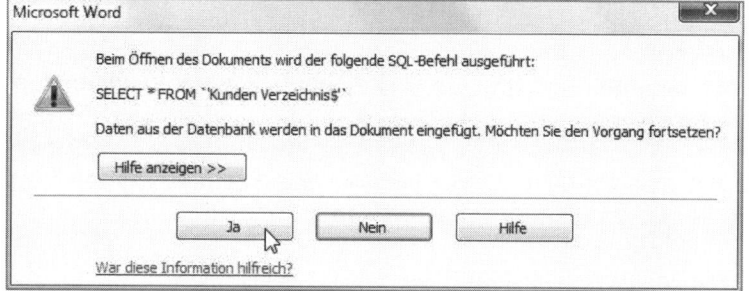

Hauptdokument in ein normales Dokument umwandeln

Möchten Sie einen Serienbrief wieder in ein normales Word-Dokument umwandeln, bzw. die Verknüpfung zur Datenquelle löschen, so öffnen Sie das Dokument und klicken im Register SENDUNGEN auf die Schaltfläche SERIENDRUCK STARTEN der gleichnamigen Gruppe. Wählen Sie anschließend den Eintrag NORMALES WORD-DOKUMENT.

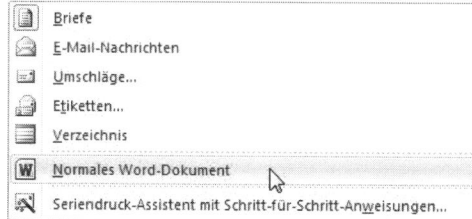

Seriendruck-Assistent verwenden

Der Seriendruck-
Assistent führt Sie
durch die einzelnen
Schritte

Sie können für die Erstellung von Seriendruck-Dokumenten auch einen Assisten-
ten aufrufen, der Sie durch die einzelnen Schritte führt. Dieser Assistent ist identisch mit dem Seriendruck-Assistenten früherer Word-Versionen und kann über die
Schaltfläche SERIENDRUCK STARTEN aufgerufen werden. Am rechten Bildschirmrand
erscheint eine Leiste, klicken Sie auf WEITER, bzw. ZURÜCK, um die Schritte aufzu-
rufen. Die Vorgehensweise unterscheidet sich nicht von den oben beschriebenen
Schritten.

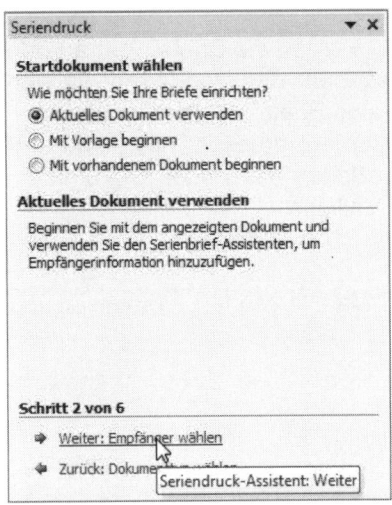
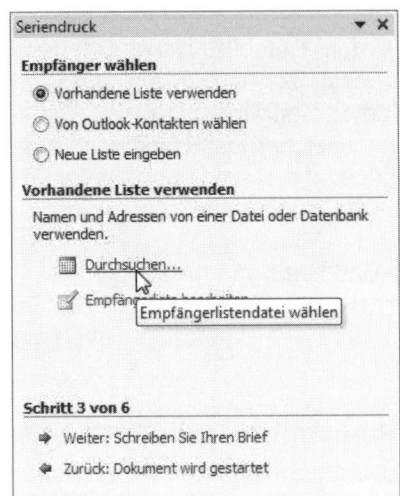

10.3. Erweiterte Seriendruckfunktionen

Adressen sortieren

Empfängerliste
bearbeiten

Register SENDUNGEN,
Gruppe SERIENDRUCK
STARTEN

Für den Versand von Serienbriefen ist meist eine Sortierung nach Postleitzahlen
erforderlich. Falls die Empfängeradressen noch nicht sortiert sind, können Sie dies
auch in Word vornehmen. Klicken Sie dazu im Register SENDUNGEN auf die Schaltfläche EMPFÄNGERLISTE BEARBEITEN um das Fenster SERIENDRUCKEMPFÄNGER zu
öffnen. Klicken Sie unter EMPFÄNGERLISTE VERFEINERN auf SORTIEREN....

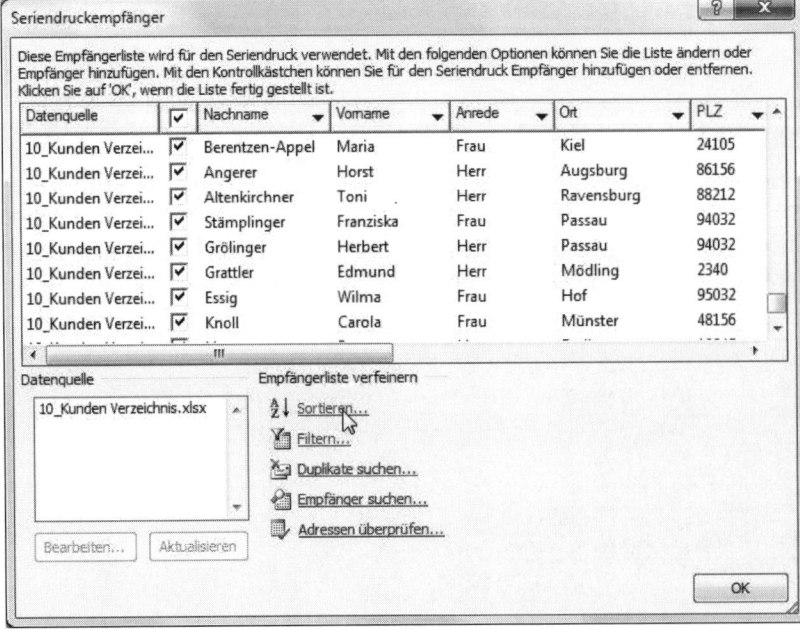

Seriendruckempfänger bearbeiten

Wählen Sie anschließend im Dialogfenster FILTERN UND SORTIEREN diejenigen Felder aus, nach denen Sie sortieren möchten, im Beispiel unten erfolgt zuerst eine Sortierung nach Ländern und anschließend nach der Postleitzahl. Maximal drei Felder können verwendet werden.

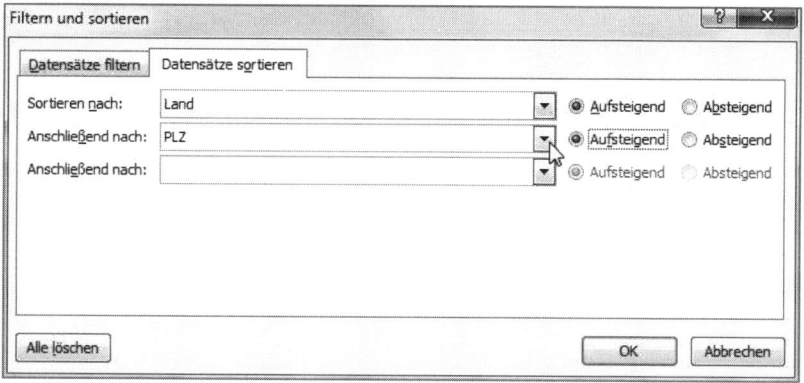

Tipp: Als Alternative können auch die DropDown-Pfeile neben den Spaltenüberschriften zum Sortieren verwendet werden. Klicken Sie auf den Pfeil und wählen Sie die gewünschte Reihenfolge.

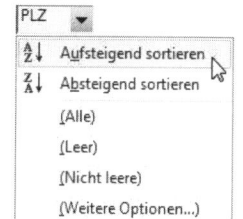

Adressen filtern

Sollen Serienbriefe nur für bestimmte Adressen gedruckt werden, so können Sie Adressen ausschließen, indem Sie einfach das Kontrollkästchen deaktivieren.

Empfänger ausschließen

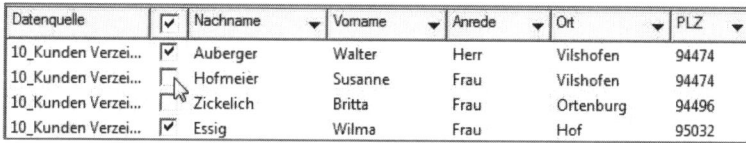

Einfacher ist es, wenn Sie Filterkriterien verwenden. Dazu klicken Sie unter EMPFÄNGERLISTE VERFEINERN auf den Befehl FILTERN... und geben Ihre Auswahlkriterien an. Sie können auch zwei (oder mehr) Filterkriterien miteinander verknüpfen. Eine Verknüpfung mit UND bedeutet, dass jeder Datensatz beide Bedingungen erfüllen muss. Verwenden Sie dagegen ODER, so genügt es, wenn eine der beiden Bedingungen erfüllt ist. Das Beispiel unten liefert alle Adressen in Deutschland deren Postleitzahl größer oder gleich 90000 ist.

Filterkriterien festlegen

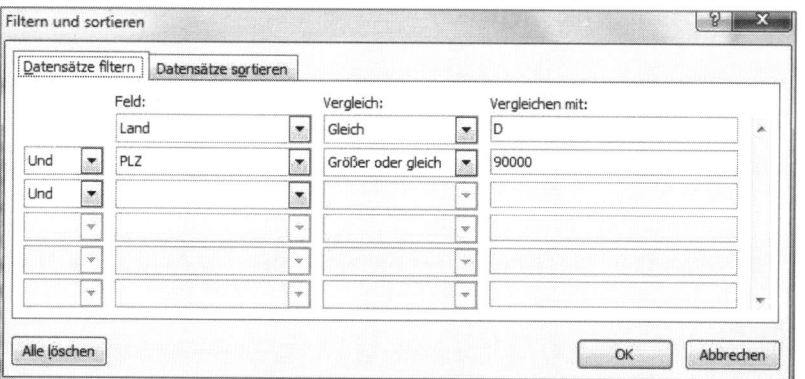

Sortierungen und Filter werden zusammen mit dem Serienbrief gespeichert, vergessen Sie also nicht, dass ein Filter mit der Schaltfläche ALLE LÖSCHEN gelöscht werden muss, wenn wieder alle Adressen benötigt werden.

Filter löschen

Bedingungen verwenden

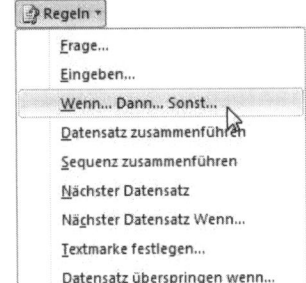

Individuelle Anrede mit Hilfe von Regeln erstellen

Wenn... Dann... Sonst

Mit Hilfe von Regeln oder Bedingungen können Sie im Serienbrief auch Formulierungen einfügen, die abhängig sind vom Inhalt eines Seriendruckfeldes. Auf diese Weise können Sie auch selbst eine Grußzeile mit einer individuellen Briefanrede formulieren. Sie beginnt entweder mit "Sehr geehrte Frau ..." oder mit "Sehr geehrter Herr...", je nachdem, ob die Anrede Frau oder Herr lautet.

1. Setzen Sie den Cursor an die Stelle, an der Sie die Grußzeile einfügen möchten.

2. Klicken Sie im Register SENDUNGEN, Gruppe FELDER SCHREIBEN UND EINFÜGEN auf die Schaltfläche REGELN und wählen Sie WENN... DANN... SONST....

3. Das Fenster BEDINGUNGSFELD EINGEBEN wird geöffnet. Zuerst definieren Sie die zu überprüfende Bedingung.

- Wählen Sie unter FELDNAME dasjenige Feld aus, dessen Inhalt überprüft werden soll, in diesem Beispiel das Feld Anrede.

- Geben Sie im Feld VERGLEICHEN MIT: das Wort "Frau" über die Tastatur ein. Die zu prüfende Bedingung lautet somit: "Wenn der Inhalt des Feldes Anrede gleich Frau".

4. Im Feld darunter tragen Sie nun den Text ein, der dann eingefügt werden soll, wenn die Bedingung zutrifft, also "geehrte Frau". In das zweite Feld tragen Sie die andere Alternative ein, also "geehrter Herr".

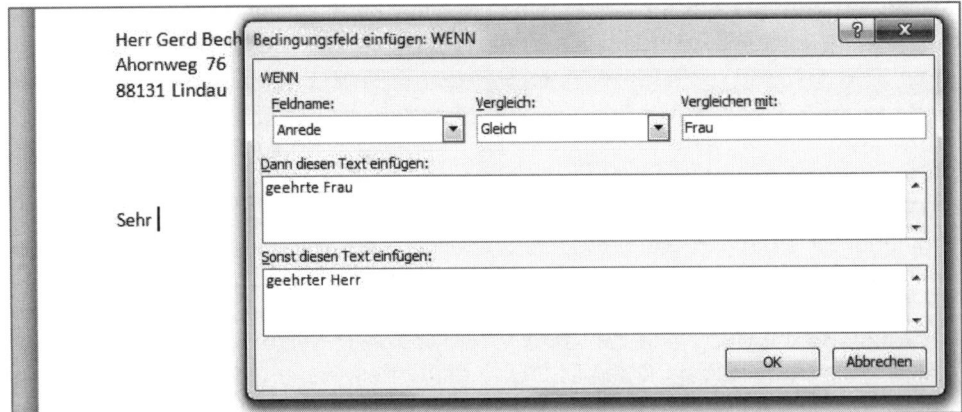

Ein Bedingungsfeld benötigt die folgenden Angaben:

Feldname	Wählen Sie unter Feldname dasjenige Feld aus, dessen Inhalt überprüft werden soll.
Vergleich	Hier stehen verschiedene Vergleichsoperatoren zur Auswahl. GLEICH bedeutet, der Inhalt muss mit dem vorgegebenen Text übereinstimmen.
Vergleichen mit	Hier geben Sie das Auswahlkriterium über die Tastatur ein.
Dann diesen Text einfügen	Geben Sie an, welcher Text im Serienbrief eingefügt werden soll, wenn die Bedingung erfüllt ist (DANN).
Sonst diesen Text einfügen	Geben an, welcher Text eingefügt werden soll, wenn die Bedingung nicht erfüllt ist (SONST).

Tipp: Da das Feld Anrede manchmal unterschiedliche Schreibweisen gleichzeitig enthalten kann werden, nämlich "Herr" und "Herrn", sollten Sie als Bedingung besser "Anrede gleich Frau" verwenden.

Bedingungen verschachteln

Ein Bedingungsfeld nach dem oben beschriebenen Muster eignet sich natürlich nur dann, wenn das Feld Anrede nur zwei Möglichkeiten zulässt. Häufig benötigen Sie in der Praxis aber als weitere Briefanrede "Sehr geehrte Damen und Herren", wie im Beispiel unten. In diesem Fall müssen Sie in einem zweiten Bedingungsfeld eine weitere Bedingung prüfen.

Zwei Bedingungen prüfen

Herr, Frau, Firma

	A	B	C	D	E	F	G
1	Anrede	Vorname	Nachname	Strasse	Land	PLZ	Ort
2	Frau	Hermine	Flatterich	Seitengasse 33	D	18230	Gaarzerhof
3	Firma		Gruber	Zentnerstrasse 2	D	35066	Frankenberg
4	Herr	Karl-Otto	Kümmerling	Heufeldweg 18	D	67951	Wachenheim
5	Herr	Ludwig	Öchsle	Am Bach 89	D	18320	Todenhagen

1. Fügen Sie im ersten Schritt, wie oben beschrieben, ein Bedingungsfeld ein. Die erste Bedingung lautet wieder: wenn das Feld Anrede gleich "Frau", dann soll der folgende Text eingefügt werden: "geehrte Frau".

2. Für den SONST-Teil kann vorerst keine Angabe gemacht werden, da noch in einer weiteren Bedingung überprüft werden muss, ob das Feld Anrede "Herr" enthält. Geben Sie hier am besten als Platzhalter einen Stern (*) oder ein ähnliches Zeichen ein. Übernehmen Sie das erste Bedingungsfeld mit OK.

Verwenden Sie ein Platzhalterzeichen

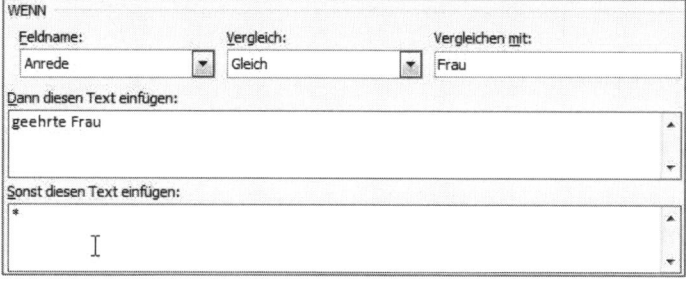

3. Damit Sie nun in den SONST-Teil ein weiteres Bedingungsfeld einfügen können, müssen Sie anstelle des Textes die Bedingung, bzw. die Funktion anzeigen lassen. Drücken Sie dazu die Tastenkombination Alt+F9, mit der gleichen Tastenkombination blenden Sie die Funktionen auch wieder aus.

Alt+F9 blendet Feldfunktionen ein und wieder aus

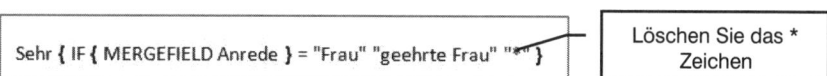

Sehr { IF { MERGEFIELD Anrede } = "Frau" "geehrte Frau" "*" }

Löschen Sie das * Zeichen

4. Klicken Sie nun in die Funktion, löschen Sie das Platzhalterzeichen und fügen Sie an dieser Stelle über die Schaltfläche REGELN das nächste Bedingungsfeld ein. Achtung: die Anführungszeichen dürfen nicht gelöscht werden!

Anführungszeichen dürfen nicht gelöscht werden

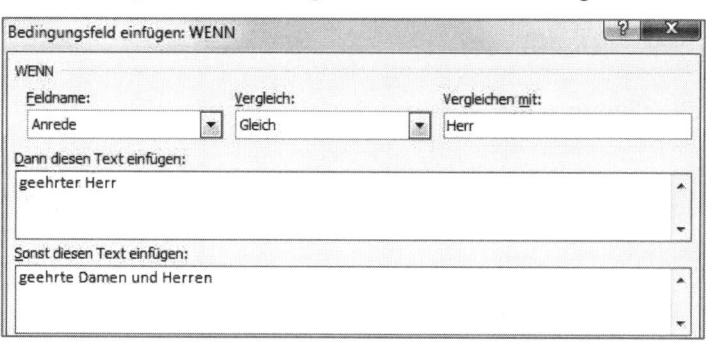

5. Das Ergebnis als Feldfunktion:

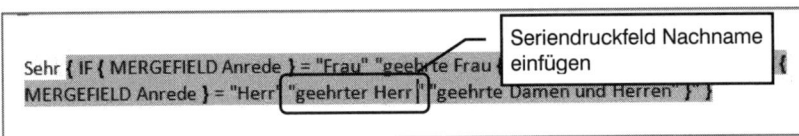

Sehr { IF { MERGEFIELD Anrede } = "Frau" "geehrte Frau" "{ IF { MERGEFIELD Anrede } = "Herr"
"geehrter Herr" "geehrte Damen und Herren" }" }

6. Jetzt fehlt nur noch der Nachname. Da dieser allerdings nicht bei der Anrede
"Sehr geehrte Damen und Herren" benötigt wird, müssen Sie das Feld Nachname in das Bedingungsfeld einfügen. Klicken Sie rechts von der Anrede und
fügen Sie das Seriendruckfeld Nachname ein. Das Gleiche wiederholen Sie
bei der Anrede "Sehr geehrter Herr".

Achtung: der Cursor muss sich innerhalb der Anführungszeichen befinden!

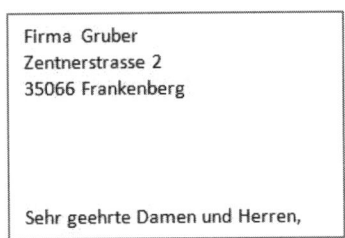

Seriendruckfeld Nachname
einfügen

7. Blenden Sie mit Alt+F9 die Feldfunktionen wieder aus und testen Sie das
Ergebnis in der Vorschau.

Firma Gruber
Zentnerstrasse 2
35066 Frankenberg

Sehr geehrte Damen und Herren,

Herr Ludwig Öchsle
Am Bach 89
18320 Todenhagen

Sehr geehrter Herr Öchsle,

10.4. Etiketten drucken

Dokumenttyp Etiketten

Zum Erstellen von Adressetiketten klicken Sie im Register SENDUNGEN auf die
Schaltfläche SERIENDRUCK STARTEN und wählen ETIKETTEN.... Falls Sie Endlosetiket-
ten (Nadeldrucker) verwenden wollen, oder sich die Etiketten in einem anderen
Papierschacht befinden, so geben Sie dies unter Druckerinformationen an.

1. Etikettenformat wählen

Wählen Sie den Etikettenhersteller, z.B. Avery Zweckform, und darunter die Etiket-
tennummer (Bestellnummer). Sollten Hersteller und Bestellnummer nicht in der
Liste aufgeführt sein, so können Sie über die Schaltfläche NEUES ETIKETT... unter
Eingabe der Maße eigene Etikettenformate definieren und unter einem Namen für
spätere Verwendung speichern. Bestätigen Sie mit der Schaltfläche OK.

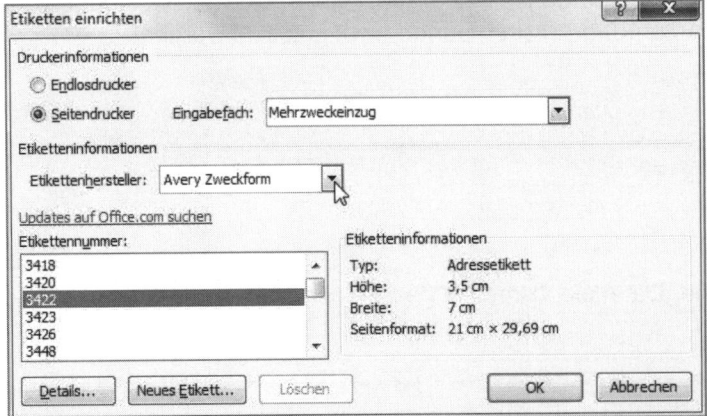

Word erstellt im Dokument eine Tabelle nach den angegebenen Maßen. Klicken Sie in das erste Etikett, bzw. die erste Zelle der Tabelle, und fügen Sie hier, wie beim Serienbrief alle benötigten Seriendruckfelder ein. Formatieren Sie die Seriendruckfelder, falls erforderlich.

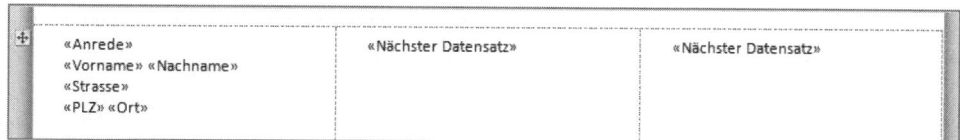

Alle Bearbeitungen und Änderungen nehmen Sie immer nur am ersten Etikett in der linken oberen Ecke vor.

Bearbeiten Sie das erste Etikett

2. Etiketten aktualisieren
Nun müssen Sie nur noch die übrigen Etiketten entsprechend aktualisieren. Klicken Sie dazu auf die Schaltfläche ETIKETTEN AKTUALISIEREN. Damit werden die Seriendruckfelder automatisch auf die übrigen Etiketten übertragen und Sie können nun in der Vorschau die Ergebnisse kontrollieren.

Aktualisieren Sie die übrigen Etiketten

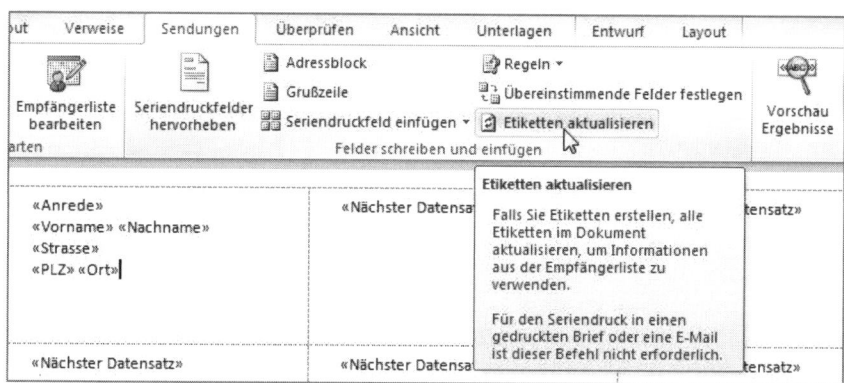

Sollten nachträgliche Änderungen erforderlich sein, so nehmen Sie diese immer am ersten Etikett in der linken oberen Ecke vor und aktualisieren anschließend erneut alle übrigen Etiketten. Zum Drucken verwenden Sie wieder die Schaltfläche FERTIGSTELLEN UND ZUSAMMENFÜHREN.

Auch nachträgliche Änderungen nehmen Sie immer am ersten Etikett vor

10.5. Zusammenfassung

- Für die Erstellung von Serienbriefen oder Etiketten benötigen Sie zwei Dateien: das Hauptdokument mit dem eigentlichen Brieftext und eine zweite Datei als Datenquelle mit den Empfängeradressen. Word unterstützt beim Seriendruck verschiedene Dateiformate als Datenquelle, beispielsweise Microsoft Excel-Arbeitsmappen oder andere gängige Datenbankformate. Falls noch keine Adressen gespeichert sind, können Sie diese entweder in einer Word-Tabelle eingeben oder in einer neuen Liste als Datenbank erstellen.

- Die Erstellung eines Serienbriefs geht in mehreren Schritten vor sich, Sie können dazu im Register SENDUNGEN nacheinander die entsprechenden Schaltflächen oder den Seriendruck-Assistenten verwenden. Zuerst wählen den Dokumenttyp (Serienbriefe oder Etiketten). Im nächsten Schritt müssen Sie angeben, in welcher Datei die Adressen gespeichert sind. Dann fügen Sie die Seriendruckfelder an den entsprechenden Stellen in den Brieftext bzw. in die Etiketten ein und kontrollieren das Ergebnis in einer Vorschau. Im letzten Schritt werden die Briefe an den Drucker gesendet.

- Zusammen mit dem Serienbrief wird auch die Verknüpfung zu den Empfänge-radressen gespeichert, Word macht Sie beim späteren Öffnen eines Hauptdo-kuments darauf aufmerksam.

- Über die Schaltfläche EMPFÄNGERLISTE BEARBEITEN können die Adressen sor-tiert oder gefiltert werden.

- Mit Hilfe von Bedingungen bzw. Regeln können Sie im Brieftext auch Formu-lierungen, abhängig vom Inhalt eines Seriendruckfeldes verwenden.

- Beim Drucken von Etiketten gehen Sie ähnlich vor. Die meisten handelsübli-chen Etiketten sind mit Ihren Maßen bereits gespeichert und brauchen nur ausgewählt werden. Fügen Sie die Seriendruckfelder in das erste Etikett ein und aktualisieren Sie anschließend die übrigen Etiketten mit einem Mausklick.

10.6. Übung

Aufgabe

Eine Firma hatte ein Preisausschreiben gestartet und nun sollen die glücklichen Gewinner mit Hilfe eines Serienbriefs benachrichtigt werden. Da deren Adressen noch nicht gespeichert sind, müssen Sie zuerst diese erfassen.

1. Adressen eingeben

Falls Sie über Microsoft Excel-Kenntnisse verfügen, können Sie natürlich auch Excel zum Speichern der Adressen verwenden, ansonsten starten Sie Word mit einem neuen, leeren Dokument und fügen ab der ersten Zeile eine Tabelle nach dem folgenden Muster ein.

Tipp: Wenn Sie unter SEITE EINRICHTEN, als Ausrichtung QUERFORMAT verwenden, dann steht Ihnen in der Tabelle mehr Platz zur Verfügung!

Name	Vorname	Anrede	Strasse	Land	PLZ	Ort	Preis	Gewinn
Brösel	Sandra	Frau	Feldweg 1	D	04259	Leipzig	1.	eine Reise nach Florida
							2.	eine Reise nach Mallorca
							3.	Einen Laptop

Geben Sie mindestens 6 beliebige Adressen und Gewinne ein und speichern Sie das Dokument unter dem Namen Preisausschreiben-Gewinneradressen. Schlie-ßen Sie das Dokument.

2. Brieftext erfassen

Öffnen Sie ein neues, leeres Dokument und speichern Sie das Dokument unter dem Namen Preisausschreiben-Brieftext. Erfassen Sie den folgenden Brieftext, und formatieren Sie den Brief nach Ihren Vorstellungen, fügen Sie im Briefkopf eine beliebige Absenderadresse ein

---

Frau Sandra Brösel
Feldweg 1
04259 Leipzig

Sie haben gewonnen

Sehr geehrte Frau Brösel,

Herzlichen Glückwunsch - Sie haben bei unserem Preisausschreiben vom Anfang des Jahres den

1. Preis, eine Reise nach Florida gewonnen.

Unser Filialleiter wird Ihnen den Gewinn persönlich in unseren Geschäftsräumen überreichen und zwar am:

1. April um 19 Uhr

Wir gratulieren Ihnen schon jetzt zu Ihrem Gewinn und hoffen, dass wir Sie auch weiterhin zu unseren zufriedenen Kunden zählen dürfen.

Mit freundlichen Grüßen

Manni Muster

3. Serienbrieferstellung starten

- Als Empfängeradressen wählen Sie die soeben erstellte Datei Preisausschreiben-Gewinneradressen. Fügen Sie die Seriendruckfelder an den entsprechenden Stellen ein.
- Achten Sie auf eine individuelle Briefanrede, "Sehr geehrte Frau ...", bzw. "Sehr geehrter Herr..."
- Kontrollieren Sie die Ergebnisse in der Vorschau.

Bemerkungen:

_____

_____

_____

_____

_____

_____

_____

© BILDNER Verlag GmbH – Passau
Kopien – auch auszugsweise – nicht gestattet

135

11. Glossar

.docx	Office 2010 verwendet das Office Open XML-Format als Standard. Word 2010 Dokumente werden daher mit der Dateinamenserweiterung .docx gespeichert. Dieses Dateiformat benötigt weniger Speicherplatz und erleichtert den Datenaustausch.
AutoKorrektur	Im Gegensatz zur Rechtschreibprüfung korrigiert die Autokorrektur automatisch während der Eingabe und wandelt beispielsweise den ersten Buchstaben am Beginn eines Satzes in einen Großbuchstaben um. Sie können die Autokorrektur rückgängig machen oder deaktivieren.
Backstage-Ansicht	Im Gegensatz zu den übrigen Registern des Menübandes, die Sie zur Arbeit im Dokument verwenden, enthält das Register DATEI die Befehle zum Verwalten eines Dokuments. Daher wird dieses Register auch als Backstage-Ansicht (dt. hinter der Bühne/ den Kulissen) bezeichnet.
Bausteine	Häufig benötigte Textteile können als Schnellbausteine oder AutoText gespeichert und beliebig in Dokumente eingefügt werden. Bausteine können neben Text auch Formatierungen, Grafik oder Tabellen enthalten.
Bedingter Trennstrich	Wenn Sie mit den Tasten Strg + Bindestrich einen bedingten Trennstrich einfügen, so wird dieser nur dann gedruckt, wenn er sich auch am Zeilenende befindet.
Bundsteg	Als Bundsteg bezeichnet man den Bereich, der eventuell zusätzlich zum Seitenrand zum Binden oder Lochen benötigt wird
Cursor	Der Cursor wird auch als Einfügemarke oder Schreibmarke bezeichnet und markiert die aktuelle Position. Alle Eingaben und nachträglichen Änderungen erfolgen immer an der Stelle, an der sich der Cursor gerade befindet.
Datenfeld	Als Datenfeld bezeichnet man in einer Datenbank die Spalte einer Tabelle. Jedes Datenfeld besitzt eine Überschrift (Feldname) und enthält gleichartige Informationen.
Datensatz	In einer Datenbank bezeichnet man eine Zeile der Tabelle auch als Datensatz. Speichert die Tabelle beispielsweise Adressen, so entspricht jede Adresse einer Zeile der Tabelle und bildet einen Datensatz.
Dokument	Als Dokumente bezeichnet Word alle Dateien, die vom Benutzer erstellt wurden, unabhängig vom Inhalt.
Dokumentvorlagen	Dokumentvorlagen dienen als Vorlage oder Vordruck für jedes neue Word-Dokument. Für neue, leere Dokumente verwendet Word die Vorlage NORMAL. Dokumentvorlagen stellen einen eigenen Dateityp dar und werden mit der Dateinamenserweiterung .dotx gespeichert.
Einzug	Einrückungen gegenüber dem linken oder rechten Seitenrand werden als Einzug bezeichnet.
Formatvorlagen	Formatvorlagen speichern sowohl Zeichen-, als auch Absatzformatierungen und werden zur einheitlichen Gestaltung von Dokumenten verwendet.
Füllzeichen	Bei der Verwendung von Tabstopps können Sie den Abstand bis zur nächsten Position automatisch mit Füllzeichen auffüllen lassen. Meist werden Punkte oder Striche als Füllzeichen verwendet.

Geschützter Bindestrich	Einen geschützten Bindestrich geben Sie mit den Tasten Strg+Umschalt+Bindestrich ein. Er verhindert an dieser Stelle einen automatischen Zeilenumbruch.
Geschütztes Leerzeichen	Ein geschütztes Leerzeichen zwischen zwei Zeichenfolgen verhindert, dass an dieser Stelle ein automatischer Zeilenumbruch erfolgt. Ein geschütztes Leerzeichen geben Sie mit den Tasten Strg+Umschalt+Leer ein.
Hängender Einzug	Als hängenden Einzug bezeichnet man einen Einzug, bei dem die erste Zeile eines Absatzes am linken Seitenrand beginnt und alle Folgezeilen eingerückt werden.
Hyperlinks	Hyperlinks, auch kurz als Links bezeichnet, sind Verknüpfungen zu Webseiten oder anderen Dokumenten.
Kapitälchen	Als KAPITÄLCHEN bezeichnet man die Formatierung mit großen und kleinen Großbuchstaben.
Kompatibilitätsmodus	Dokumente, die mit älteren Versionen von Word erstellt und gespeichert wurden, werden von Word 2010 im Kompatibilitätsmodus geöffnet. In diesem Modus stehen nicht alle Funktionen zur Verfügung.
Kopf- /Fußzeile	Kopf-/oder Fußzeilen befinden sich in dem Bereich zwischen dem Papierrand und dem Seitenrand, also außerhalb des Satzspiegels. Die Inhalte werden automatisch auf jeder Druckseite wiederholt.
Microsoft Access	Access ist ein Datenbankprogramm, das ebenfalls zu den Microsoft Office-Anwendungen gehört.
Microsoft Excel	Excel gehört ebenfalls zu den Office-Anwendungen und ist ein weit verbreitetes Tabellenkalkulationsprogramm, mit dem sich nicht nur Berechnungen durchführen lassen, sondern auch größere Datenmengen verwalten lassen.
Microsoft Outlook	Outlook ist eine Office-Anwendung, mit der sich allgemeine Aufgaben wie Kommunikation (E-Mail), Aufgaben- und Terminverwaltung organisieren lassen. Dazu verfügt Outlook auch über eine integrierte Adressverwaltung.
Normal	Die Dokumentvorlage Normal wird von Word als Vorlage verwendet, wenn Sie bei der Erstellung eines neuen Dokuments mit einem leeren Dokument beginnen.
PDF	Portable Document File. Eine PDF-Datei kann, unabhängig vom Betriebssystem, auf allen Computern geöffnet und gelesen werden. Als einzige Voraussetzung muss ein Leseprogramm, beispielsweise der kostenlose Adobe Reader, installiert sein. Eine nachträgliche Veränderung des Inhalts ist nur mit spezieller Software möglich.
Proportionalschrift	Bei einer Proportionalschriftart wird für jedes Zeichen genau die benötigte Breite verwendet, im Gegensatz zur Schreibmaschine, bei der alle Zeichen die gleiche Breite haben.
Punkt (pt)	Punkt ist eine typografische Maßeinheit, in der in Word Maße wie Schriftgrad (Schriftgröße) oder Abstände angegeben werden. 1 Punkt entspricht etwa 0,35 mm. In der Textverarbeitung werden meist 10 oder 11 pt als Standardschriftgrad verwendet.
Register	Das Menüband von Word fasst Befehlsschaltflächen für verschiedene Aufgabenbereiche in Gruppen zusammen. Jede Gruppe kann schnell über das Register, vergleichbar einer Kartei, durch Anklicken mit der Maus aufgerufen werden.
Serifen	Als Serife (franz. Füßchen) bezeichnet man die feinen Linien, die bei manchen Schriftarten einen Buchstabenstrich am Ende, quer zu seiner Grundrichtung abschließen. Dadurch soll eine bessere Lesbarkeit der Schrift erreicht werden.

	Deshalb werden vor allem längere Texte häufig in einer Serifenschriftart gedruckt. Eine der bekanntesten Serifenschriftarten ist Times New Roman.
ShortCuts	Eine andere Bezeichnung für Tastenkombinationen, mit denen Befehle ausgeführt werden können.
Smarttags	Als Smarttags bezeichnet Word kleine Symbole, die nach bestimmten Aktionen im Dokument erscheinen und verschiedene Optionen anbieten.
SQL	engl. Structured query language, eine verbreitete Standardsprache zur Abfrage von Datenbanken.
Steuerzeichen	Verschiedene Tasten wie Eingabe-Taste, Tab-Taste oder Leertaste erzeugen bei der Eingabe Zeichen, die zwar nicht gedruckt, aber auf dem Bildschirm ein- und ausgeblendet werden können. An diesen Zeichen können Sie beispielsweise erkennen, wo ein Absatz endet. Wie alle anderen Zeichen, können diese Zeichen auch nachträglich eingefügt oder gelöscht werden.
Tabstopp	Tabstopps sind feste Positionen im Dokument, die Sie mit der Tabulatortaste (Tab-Taste) der Tastatur ansteuern.
Textfeld	Textfelder werden in Word verwendet, um Text innerhalb eines Dokuments mit der Maus an beliebiger Stelle zu positionieren.
XML	"Extensible Markup Language", eine Auszeichnungssprache zur Darstellung hierarchisch strukturierter Daten in Form von Textdateien. XML ist vor allem für den Datenaustausch von Bedeutung.
XPS	XML Paper Specification, ein von Microsoft entwickeltes Dateiformat als Konkurrenz zum PDF-Format.
Zwischenablage	Die Zwischenablage speichert ausgeschnittene oder kopierte Elemente. Diese können anschließend beliebig oft wieder eingefügt werden. Die Zwischenablage kann auch zum Datenaustausch zwischen verschiedenen Dokumenten oder Anwendungen verwendet werden.

12. Stichwortverzeichnis

13. Anhang: Tastatur

Deutsche Computer-Tastatur: Schreibmaschinentasten und Sondertasten

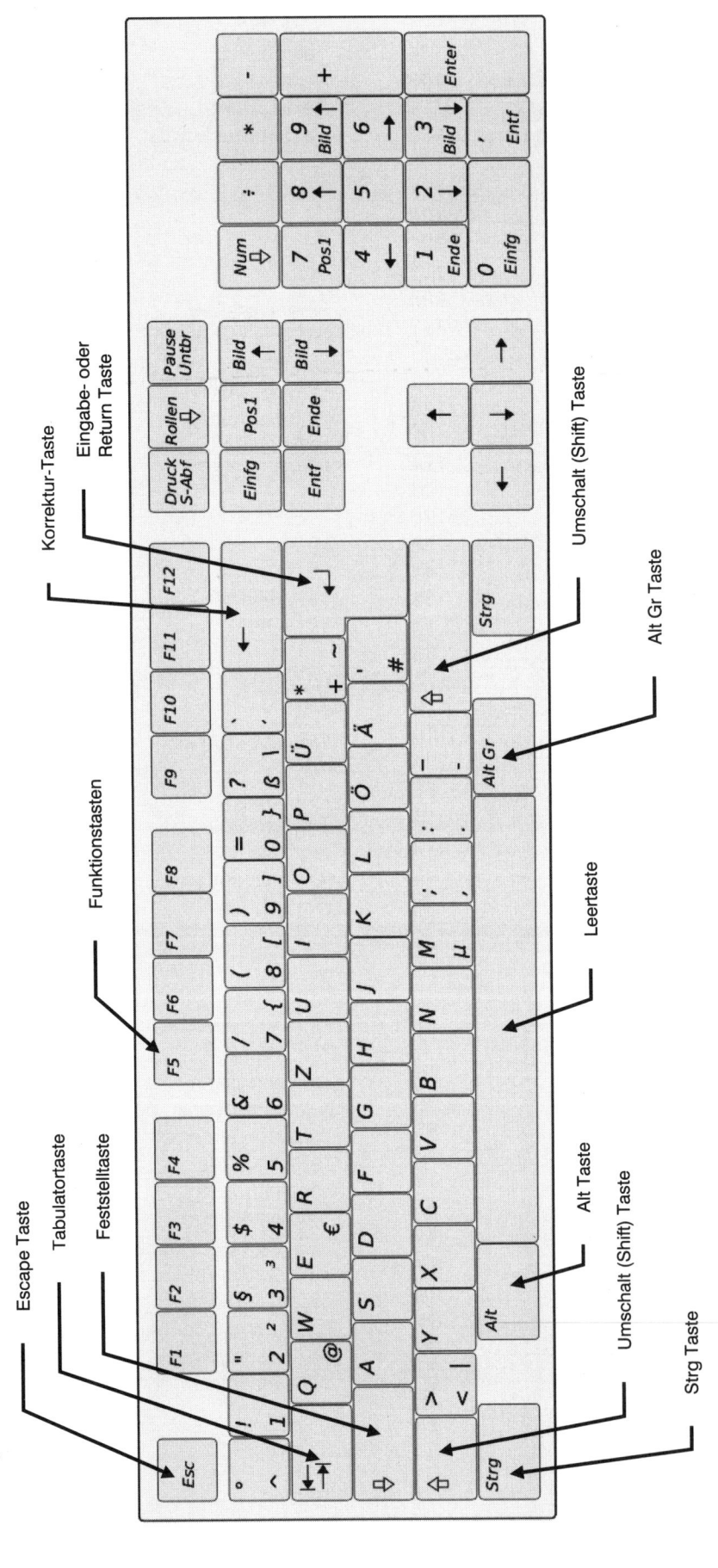